bene! gutes leben

CARSTEN LEINHÄUSER

Die Dinos dachten auch, sie hätten noch Zeit

Kirche muss sich endlich ändern

Mit Messerschnitten von Martin Glomm

*»Lebe das, was du vom Evangelium verstanden hast.
Und wenn es noch so wenig ist.
Aber lebe es.«*

Frère Roger

Für all jene, die versuchen, Jesus nachzufolgen.
Auf dass wir niemals vergessen mögen,
dass wir Lernende sind.
Und Suchende.
Und Liebende.
Ein Leben lang.

Inhalt

Die Dinos dachten auch, sie hätten noch Zeit 9
Die guten alten Zeiten 21
Mittelgroße Hunde. Kleine Marder. 25
Du bist doch auch einer von denen! 30
Was wächst. Was nicht. Oder: »Gärtnern für Hoffende« .. 33
Meditation beim Mistschaufeln 39
Das stinkt zum Himmel 43
Gemeinsam Mist schippen: Der Synodale Weg 47
Immer wieder sonntags 52
Aufwachen 57
Haltung 61
Beten 62
Ganz anders 66
Neuevangelisierung 71
Die sieben Werke der Barmherzigkeit 76
»Der Zölibat ist ein Geschenk für die Kirche« 77
Aufsatteln und festhalten 79
Bist Du noch da? 86
Mehr als fromme Soße? 89
Die Hirtin 91
»Immer wieder diese Homos …« 95
Liebe gewinnt 100
Eine Strafe Gottes? 103
Die ganze Botschaft in einem Satz 104
Richtig, lieber Mitbruder Georg 105
SEX! 109

Angst. Mut.	112
Achterbahn	115
Klare Ansage	118
Trotzdem	120
Lass uns noch etwas bleiben	122
In den Wellen	125
Narrenschiff	129
Niederknien	131
Esperança Em um Novo Dia	134
Der Traum vom Fliegen	139
Festgefahren	144
Achtung, Gefahr!	147
Gespielt wird zusammen	149
Rom	151
Mächtig und reich	154
Kirche geht auch anders	159
Fundamental	165
Weil wir euch brauchen	169
Im Büro vom Chef	173
Kommt her. Mir nach!	178
Zehn Gebote für eine Kirche von morgen	180
Und plötzlich siehst du Farben	185
Viten	186
Quellen und Anmerkungen	189

Die Dinos dachten auch, sie hätten noch Zeit

Sie sind groß. Sie sind stark. Sie sind gewaltig. Sie bevölkern die gesamte Erde. Ihre Schritte lassen den Boden erbeben. Mit mächtigen Flossen durchpflügen sie das Meer. Mit weiten Schwingen erheben sie sich in die Lüfte. Sie geben den Ton an. Sie sind die Krone der Schöpfung!

Und sie sind: tot. Ausgestorben, vom Angesicht der Erde verschwunden.

Nur ein paar versteinerte Knochenreste haben sie hinterlassen. Sie sind: Geschichte.

Die Dinosaurier.

Bis heute weiß niemand so genau, warum sie vor etwa 65 Millionen Jahren verschwunden sind. So lange waren sie vergessen, dass sie noch nicht mal in der Bibel auftauchen. Kein Extratag in der Schöpfungsgeschichte für die Erschaffung der Dinosaurier. Kein Platz für Frau und Herrn T-Rex auf der Arche (wäre auch ganz schön eng geworden). Und leider auch keine endgültige Erklärung, warum sie Platz machen mussten für all jene Lebewesen, die erst lange nach ihnen entstanden sind. Hier und da gibt's ein paar entfernt verwandte Nachfahren. Aber auch die erinnern sich wohl nicht mehr an ihre Ur-ur-ur…-Ahnen.

Alles, was wir heute wissen, ist: In erdgeschichtlichen Dimensionen gedacht, ging es recht flott. Es dauerte, wenn man in derart großen Maßstäben denkt, nur einen »Augenblick«, bis die Tiere ausgestorben waren. Innerhalb weniger Tausend Jahre war alles vorbei. Und dabei dachten die Dinos, sie hätten noch alle Zeit der Welt vor sich …

Stopp. Der letzte Satz war grober Unfug: Natürlich dachten die Dinos das nicht – denn für derart komplexe Überlegungen waren ihre Gehirne viel zu klein. Sie waren, um es salopp zu sagen, viel zu einfach gestrickt. Aber *wenn* sie hätten denken können … dann hätten sie sich vielleicht zu großen Krisentreffen versammelt. Bis auf ein paar Faktenleugner hätten die mächtigen Tiere dabei vermutlich die immer deutlicher werdenden Anzeichen wahrgenommen, dass es für sie bald eng werden könnte. Sie hätten zumindest festgestellt, dass die Situation mehr und mehr aus dem Ruder läuft. Sie hätten vielleicht einen Plan ausgetüftelt, um dem Wandel der Zeiten zu begegnen.

Auch damals hätte es vermutlich Zögerer und Zauderer gegeben. Sie hätten sich lautstark zu Wort gemeldet und gerufen: »Lasst es uns langsam angehen, mit Bedacht. Wir sind schließlich die Krone der Schöpfung, stark und schön und mächtig. So schnell kann uns nichts und niemand etwas anhaben. Wir haben alle Zeit der Welt!«

Und dann? Dann wären sie trotzdem ausgestorben. Sie hatten schlichtweg keine Zeit mehr. Selbst ein Charles Darwin mit seinem »Survival of the fittest« hätte ihnen nicht weiterhelfen können. Denn die Dinos hätten diesen evolutionstheoretischen Gedankengang aufgrund ihrer mangelnden Englischkenntnisse garantiert falsch verstanden: Die »fittest«

sind nun mal nicht die »Stärksten« – sondern jene, die sich am besten an sich ändernde Umstände anpassen, um zu überleben.

Forscher*innen haben verschiedene Theorien aufgestellt, wie die Zeit der Dinos vor etwa 65 Millionen Jahren zu Ende ging. Manche vertreten die These, dass mehrere starke Vulkanausbrüche oder ein Meteoriteneinschlag auf der Yucatán-Halbinsel in Mexiko eine Kettenreaktion auslösten. Dass große Mengen an Lava und Staub das Land bedeckten und die Sonne verdunkelten. Dass giftige Gase alles Leben auslöschten und ein heftiger Klimawandel einsetzte, dem auch die Dinosaurier zum Opfer fielen.

In vielen Theorien zum Untergang der mächtigen Tiere taucht ein weiterer Gedankengang – in Variationen – immer wieder auf: Könnte es sein, dass die Dinos es schlichtweg verpasst haben, sich an eine sich mehr oder weniger rasant ändernde Umwelt anzupassen? Waren sie in ihrer evolutionären Entwicklung einfach zu langsam? Fanden sie in der Folge nicht mehr genügend Nahrung, keine geeigneten Lebensräume – und konnten sich nicht mehr in ausreichendem Maß fortpflanzen?
Wie man es auch dreht und wendet, was damals geschah: Die Zeit der Dinos ist unwiederbringlich abgelaufen.

Als Jugendlicher war ich ein großer Fan der *Jurassic Park*-Filme. Im ersten Film wird von dem Versuch erzählt, die Dinosaurier mithilfe von in Bernstein eingeschlossenem Genmaterial wieder zu neuem Leben zu erwecken. Kurzfristig ist die Aktion von Erfolg gekrönt. Mittelfristig gehen alle Versuche ganz gewaltig in die Hose und es endet in einer

Katastrophe. »Dinosaurier« passen einfach nicht mehr in diese Zeit und in unsere Welt. Ihre biologische Uhr ist abgelaufen. Die Dinos sind weg. Ein für alle Mal.

Heute ist unsere Zeit. Wobei mir manchmal schon der Gedanke kommt, dass es auch heute noch »Dinos« gibt. Wesen aus einer anderen Zeit. Die Kirche ist so ein Dino. Und ich arbeite für sie.

Könnte es sein, dass auch in diesem Fall die Uhr langsam abläuft? Oder dass sich das Tempo, mit dem die Entwicklung voranschreitet, bis keine Zeit zum Handeln mehr bleibt, sogar zunehmend beschleunigt?

Für eine Institution, die sich und ihre Gedankenwelt im Lauf von 2000 Jahren in einen behäbigen, schwerfälligen Dino verwandelt hat, scheint es jedenfalls nicht einfach zu sein, sich an Gegebenheiten anzupassen, die sich weiterentwickeln. Eine Gesellschaft, die sich ethisch und wissenschaftlich weiterentwickelt, scheint für die Kirche immer wieder eher eine Bedrohung als eine Chance zu sein. Statt Möglichkeiten zu suchen, wie man mit dem, was ist, friedlich koexistieren kann (das wäre ein Anfang), verteidigt der Dino knurrend und brüllend sein Revier.

Und auch wenn er schon lange im Sumpf feststeckt, tut er noch so, als könnte er wie gehabt und ohne Rücksicht auf irgendetwas voranschreiten und weiterziehen.

Auf seinem Weg hat der Dino immer wieder auch eine Spur der Verwüstung hinterlassen – und er tut es bis heute. Manches hat er achtlos platt getrampelt und umgerissen; er hat Menschen zutiefst verletzt – manchmal sogar ganz bewusst, in seinem Ringen, sich selbst zu verteidigen und sich keine Blöße zu geben.

Erschreckend und abstoßend ist auch sein Gehabe: Viel zu oft tut der Dino so, als ob die unübersehbaren Spuren seiner Verfehlungen peinliche Ausrutscher waren, die man doch bitte verzeihen möge. Nach dem Motto: Es waren halt andere Zeiten, er musste sein Revier verteidigen, ein Zurück hätte es nicht gegeben, Achtsamkeit wäre ohnehin nicht sein Ding. Und eigentlich sei er ein ganz Lieber ...

Bisweilen gelingt es dem Dino sogar, Menschen dazu zu bewegen, Mitleid mit ihm zu haben. Sie tätscheln ihm dann liebevoll den Kopf und flüstern ihm ein »Du kannst ja eigentlich gar nichts dafür« ins Ohr. Es sei die böse Welt, die ihn in die Ecke getrieben habe und ihn nun ausrotten wolle. Welch ein Trauerspiel ...

Vor etwa 2000 Jahren, als die Kirche entstand, war sie alles andere als von gestern. Sie war ein Hoffnungsschimmer für Menschen auf der Suche. Ein Licht in dunklen Zeiten. Ein Leuchtfeuer für Menschen in Not. Ein frischer Wind für jene, deren Leben eng und stickig geworden war. Jesus selbst benutzte wunderbare Bilder für das Reich Gottes, das anbrechen sollte: das Schiff, in dem er mit Fischern mitten im Sturm unterwegs war und in aller Seelenruhe schlief. Das Wasser und das Brot des Lebens, die alle umsonst bekommen. Oder das Bild des Guten Hirten, der sich um seine Schafe sorgt.

Die Christinnen und Christen der ersten Jahrhunderte waren wahre Meister darin, die Frohe Botschaft in die Lebenskontexte ihrer Zeit zu übersetzen. Mit Mut, Kreativität und Gottvertrauen waren sie unterwegs und erzählten von Gott auf eine Art und Weise, die von Menschen unterschiedlichster Kulturen verstanden werden konnte. Der Kern des

Glaubens, all das, was trägt, wurde weitergetragen; das theologische »Gebäude drum herum« mit großer Freiheit angepasst, erweitert und umgebaut. Manches, was nicht mehr passte, wurde mutig verworfen.

Im Lauf ihrer Entwicklung hat sich die Gemeinschaft der Christ*innen von einer winzigen religiösen Minderheit im vorderasiatischen Raum zu einer weltübergreifenden Volkskirche entwickelt. Zu »dem globalen Player« schlechthin. Das Christentum, die Kirche, konnte sich alleine deshalb auf der ganzen Welt ausbreiten, weil es so unglaublich agil, mutig und flexibel auf »den Zeitgeist« reagierte. Für die ersten Christen und Christinnen war klar: Wenn die Zeiten sich ändern, wenn Kulturen unterschiedlich ticken, dann ist es unsere Aufgabe, die Frohe Botschaft in einer passenden Form weiterzugeben. Nicht auf dem Vorgestrigen zu beharren, sondern Sprache und Ausdruck dem anzupassen, was den Menschen entspricht. Damit sie das, worauf es ankommt, verstehen können. Damit die Botschaft, die sie erzählt bekommen, auch etwas mit ihrem Leben zu tun hat. Konkret und greifbar.

Irgendwie sind uns Christ*innen diese Kreativität, dieser Mut, dieses Gottvertrauen im Lauf der Zeit verloren gegangen. Vom »frischen Wind«, der damals in der frühen Kirche wehte, ist vielfach gerade einmal ein laues Lüftchen geblieben, das nur noch wenige bewegt. Und aus dem lebendigen Schatz, den die ersten Christ*innen begeistert mit sich trugen, ist eine ziemlich angestaubte Bibliothek voller Regelwerke geworden. Was ist aus dem einst so agilen Wesen Kirche geworden …?

Eine mögliche Antwort auf diese Frage könnte sein: »Sie wurde zu mächtig.« Und dass Macht ein fieses kleines Miststück sein kann – ist hinreichend bekannt: Sie verleitet dazu, die eigene Position, den eigenen Besitzstand, die eigene Deutungshoheit mehr und mehr absolut zu setzen – und mit allen Mitteln gegen Verluste zu verteidigen. Macht immunisiert sich selbst gegen jegliche Form von Kritik und wird im Lauf der Zeit oft blind für berechtigte, konstruktive Einwände und Vorschläge. Sie nistet sich ein in einer eigenen Welt, schottet sich ab und offenbart genau dadurch ihre große Schwäche: Sie bleibt stehen. Wird unflexibel. Beginnt zu bröckeln. Zerfällt.

Die Bedeutung der Kirche nimmt spätestens seit dem letzten Jahrhundert mit zunehmender Geschwindigkeit ab. Die Volkskirche ist offensichtlich an ihrem Ende angekommen. Die Menschen kehren ihr in Scharen den Rücken. Selbst in den »Hochburgen des Katholizismus« hat der Putz schon lange begonnen zu bröckeln.

Schuld daran ist nicht nur ein Beharren auf starren Strukturen und Regeln, die viele Menschen als weltfremd empfinden, sondern vor allem auch der Missbrauch, der in unterschiedlichsten Formen unter dem Dach der Kirche geschehen ist. Zehntausende Menschen wurden weltweit von Amtsträgern der Kirche missbraucht, verletzt und gedemütigt, ganze Existenzen zerstört und vernichtet. Für jeden einigermaßen vernünftig denkenden Menschen ist das kaum zu begreifen – mehr noch: völlig irrsinnig.

Hin und wieder scheint es so, als habe der Dino, von dem hier die Rede ist, inzwischen verstanden, dass seine Zeit abläuft. Versammlungen finden regelmäßig statt. Verschiedene Möglichkeiten, was zu tun ist, um das Blatt zu wenden, und wie es weitergehen könnte, werden diskutiert.

»Wir müssen etwas tun. Nicht irgendwann, sondern sofort. Am besten gestern!«, rufen immer mehr Christinnen und Christen auf der ganzen Welt. Darunter auch eine stetig wachsende Zahl von Ordensleuten, Priestern und Bischöfen. Es knirscht und brodelt mittlerweile nicht mehr nur im Verborgenen.

Viele engagierte Christ*innen fordern zu Recht eine stärkere Beteiligung an den Prozessen, die nun anstehen – allen voran die Frauen. Menschen, die sich nicht länger ausgrenzen lassen wollen, erheben ihre Stimmen. Sie sind nicht mehr zu überhören!

Verzweifelt versuchen manche »Bewahrer« nach wie vor, am Überlebenskonzept der Dinosaurier festzuhalten. Sie tun so, als ob der Wandel nicht längst eingesetzt hätte. Einige halten an der romantischen, jedoch unrealistischen Vorstellung fest, man könne Dinosaurier (so wie im Film *Jurassic Park*) wiederbeleben. Und wieder andere glauben, dass man nichts überstürzen müsse, weil noch genügend Zeit bliebe, um alles in Ruhe zu analysieren, bevor man einen nächsten Schritt macht, den man dann vielleicht bereuen müsste.

Unter jenen, die (noch) als Mitglieder in der Kirche geblieben sind, gibt es im Groben zwei Denkrichtungen und Grundhaltungen: Da sind jene, die von den »guten alten Zeiten« träumen und versuchen, sie so gut es geht festzuhalten. Andere fordern eine mehr oder weniger rabiate Kernsanierung. Nun könnten sich in der Theorie recht einfach und schnell Lösungen und Kompromisse finden, würden beide »Fraktionen« sich einvernehmlich auf den Ratschlag des Apostels Paulus einigen: »Prüft alles und behaltet das Gute!« (*1 Thess* 5, 21) Doch schon hier scheitert es an den grundverschiedenen Sichtweisen: Ist etwas schon alleine deshalb »gut«, weil es über Jahrhunderte lang eine Tradition war – wie zum Beispiel der Pflichtzölibat oder die Beschränkung der Weiheämter auf die männliche Hälfte der Erdbevölkerung? Und ist etwas schon alleine deshalb schlecht, weil es neu und bis dato unerprobt ist?

Die Stimmung ist angespannt, die Stimmen werden lauter. In etlichen Punkten liegen seit Jahrzehnten alle Argumente auf dem Tisch – ohne dass sich etwas sichtbar bewegt.

Genau hier sind wir an dem Punkt angelangt, der die Dinos vielleicht das Leben gekostet hat: Obwohl alle Möglichkeiten offenstehen – beispielsweise etwas Ungewohntes auszuprobieren, dabei zu lernen und möglicherweise noch einmal neu zu entscheiden –, bleiben wir beim Status quo.

Verpassen wir so den letzten Moment zum Umlenken? Warten wir, bis das Fundament so stark weggebröckelt ist, dass ein Totalschaden unvermeidbar ist? Warten wir einfach ab, was passiert, und sterben dann still und leise aus? Weil wir am Ende dann doch zu sehr den guten alten Zeiten nachhängen?

Apropos »die guten alten Zeiten«: Eine der großen Stärken der jungen Kirche war es, sich gegenüber einer sich rasant entwickelnden Welt offen zu zeigen. Den Anfang hat Jesus gemacht, indem er die fromme Blase seiner jüdischen Umwelt durchaus wertschätzte, sie aber nicht absolut setzte.

Er suchte Kontakt zu den »Unfrommen«, den Heiden, den Fremden, den Ausgegrenzten. Und er war dabei völlig frei von Berührungsängsten und einer lähmend-langweiligen »das haben wir schon immer so gemacht«-Denke.

Wenn man den Evangelien Glauben schenken kann, wusste Jesus schon früh, dass ihn genau das letztlich innerhalb von nur kurzer Zeit das Leben kosten wird.

Seine Nachfolger*innen, die ersten Christ*innen, gingen diesen Weg weiter. Das Neue Testament berichtet von der intensiven Suche früher christlicher Gemeinden nach Wegen, auch Menschen jenseits des eigenen Tellerrands zu erreichen und für die Frohe Botschaft zu begeistern. Das ging nicht ohne Experimente. Und es ging auch nicht, ohne die Kulturen »der anderen«, der Griechen, der Römer und vieler mehr, ernst zu nehmen und einzubeziehen.

Auf dem Weg von der Antike über das Mittelalter in die Neuzeit war die Kirche über weite Strecken die größte Förderin der Wissenschaften, der Medizin, der Philosophie und des Dialoges mit dem Islam.
  Was müssen das für spannende Zeiten gewesen sein!
  Zeiten, in denen Christ*innen und ihre Kirche mit Mut, Freude und Neugier auf das »Fremde« zugingen. Mit der Bereitschaft, eigene Haltungen und Traditionen stetig weiterzuentwickeln. Gegebenenfalls sogar krass zu verändern oder fallen zu lassen. Mit der inneren Überzeugung, dass der Geist Gottes in der Zeit wirkt und stetig dabei hilft, die Frohe Botschaft besser zu verstehen.

Heute spricht man in manchen Kreisen vom »Zeitgeist« und rümpft dabei verächtlich die Nase. Man hat – wie einst die mächtigen Dinosaurier – Angst vor Veränderungen. Und man hält schon die Idee, über den eigenen Horizont hinauszublicken, für einen Frevel. Wann haben wir bloß angefangen, dem Heiligen Geist so sehr zu misstrauen?

Wie wird es ausgehen? Wird die Kirche am Ende einer der Dinosaurier der Weltgeschichte sein, deren Zeit irgendwann schlicht und einfach vorbei ist? Oder wird es ihr gelingen, sich zu erneuern und das Feuer der Frohen Botschaft weiterzutragen? Kann sich die Kirche so verändern, dass sie auch in Zukunft Menschen erreicht und begeistert?

Was sind dafür die Voraussetzungen? Und wie müsste Kirche sich an die heutige Situation anpassen, damit sie nicht nur über-, sondern auch aufleben kann?

Auf alle diese Fragen habe ich keine fertigen Antworten – aber in diesem Buch habe ich einige Gedanken und Ideen zusammengetragen, die ich Ihnen und euch mitgeben möchte. In dem Vertrauen darauf, dass viele Menschen gemeinsam dafür sorgen können, das es anders wird. Dass Kirche wieder agil und Hoffnung stiftend werden kann.

Ich habe die Hoffnung, dass Christinnen und Christen, die von Jesus und seiner Botschaft begeistert sind, gemeinsam jede Menge in Bewegung bringen können. Menschen, die mitdenken, die mutig und kreativ sind und etwas dazu beitragen wollen, dass wir nicht in das gleiche dämliche Fettnäpfchen treten wie die Dinosaurier, die es längst nicht mehr gibt.

Carsten Leinhäuser

Die guten alten Zeiten

Einigen wenigen urzeitlichen Wesen ist es gelungen, sich bis in die heutige Zeit zu retten. Vielleicht denken manche jetzt an Reptilien wie Eidechsen, martialisch aussehende Chamäleons, die die Augen verdrehen können, oder Leguane. Aber die haben evolutionstechnisch gesehen nur wenig mit den mächtigen Urzeittieren zu tun. Am ehesten ist noch das Krokodil mit den Dinos verwandt. Im Erdaltertum haben beide gemeinsame Vorfahren: die Archosaurier, die zur Zeit des Mesozoikums lebten, das vor über 250 Millionen Jahren begann und vor 66 Millionen Jahren endete. Zu den Nachfolgern der Archosaurier, die damals zu den dominierenden Wirbeltieren an Land und in der Luft zählten, gehören: die VÖGEL. Unzählige Arten in den verschiedensten Größen und Farben bevölkern heute die Erde. Diese Tiere haben es geschafft, mit der Entwicklung Schritt zu halten, sich nach und nach anzupassen und zu überleben. Während die überwältigende Mehrheit ihrer Vorfahren schon vor Urzeiten aufgehört hat zu existieren.

Die Natur kennt großartige Veränderungsstrategien. Tiere, die acht Monate im Jahr umherstreifen, überwintern, indem sie sich zurückziehen und ihren Energiehaushalt so weit drosseln, dass sie monatelang mit ganz wenig auskommen.

Andererseits entsteht neues Leben dadurch, dass natürliche Prozesse geradezu verschwenderisch mit dem Verteilen von Samen umgehen. Im Frühling grünt und blüht es allenthalben.

Im kleinsten Detail liegt Schönheit. Im winzigen Tautropfen, im Tanz der Schmetterlinge und dem morgendlichen Gesang der Vögel.

Das eine vergeht, das andere wächst. Das Leben entwickelt sich.

Und wenn sich die äußeren Rahmenbedingungen ändern, sich beispielsweise die Trockenperiode, die sonst im Juli beginnt, deutlich früher als in der Vergangenheit einstellt, versuchen sich die Tiere und Pflanzen den neuen Gegebenheiten anzupassen.

Im Laufe vieler Generationen geschieht Evolution, stellt sich ein Wandel ein.

Auch wir Menschen passen uns an, soweit es geht. Wir stellen uns auf neue Situationen ein, ziehen uns warm an, nehmen Regenzeug mit auf die Reise, legen Vorräte an.

Aber angesichts mancher globaler Entwicklungen fällt es schwer, Schritt zu halten.

Neben dem Klimawandel stellen wir auch eine Erosion alter Gewissheiten fest.

Angst vor Veränderungen hilft nicht weiter. Zukunft gewinnen diejenigen, die neugierig und bereit sind, sich auf eine sich verändernde Welt einzulassen. Vielleicht sieht unser Leben in Zukunft ganz anders aus als bisher. Ob es schwerer oder leichter wird, wer weiß es?

Dauerhaft festhalten können wir kaum etwas. Es gilt vielmehr, den Wandel zu gestalten. Auch in der Kirche, in der wir uns als Christ*innen sammeln.

Wie schön wäre es, wenn es uns gelänge, so bunt und vielfältig wie die Vögel des Himmels unterwegs zu sein – quicklebendig und frei durch die Welt zu ziehen und dabei die DNA vom Reich Gottes weiterzutragen.

Wer will, findet Wege, wer nicht will, findet Gründe, weshalb es nicht geht, heißt es im Sprichwort. Ich will lieber das Unbekannte ausprobieren, als ewig darauf zu warten, dass sich das Leben auch ohne mein Zutun verändert. Denn es ist ein gutes Gefühl, gestalterisch, schöpferisch tätig zu sein. Zu leben – und sich nicht leben zu lassen.

Mittelgroße Hunde. Kleine Marder.

Bleiben wir noch einen Moment im Tierreich und schauen nach vorn: von den imposanten, längst ausgestorbenen Wesen zu den eher kleinen, quicklebendigen.

Eines davon hat kürzlich mein Hund Phil entdeckt. Der jugendliche, 35 Kilo schwere, vorwitzige Labrador-Fledermaus-Rindvieh-Kampfkuschler-Mischling liebt es, seine Nase überall reinzustecken. Jeden Tag erkundet er mit Hingabe eine Welt voller spannender Düfte, Geräusche und Eindrücke. Dabei definiert er ganz allein, was »lecker« oder zumindest interessant duftet. Sehr zum Leidwesen seines Herrchens scheint übrigens fast alles in diese Kategorie zu fallen ...

Am Ende der morgendlichen Schnuffeltour kommen wir am Pfarrhaus an, vor dem mein silberner Kombi steht. Während ich zielgerichtet zur Haustür eile und mich bereits auf einen heißen Kaffee am Küchentisch freue, kugelt mir ein heftiger Ruck an der Hundeleine fast das Schultergelenk aus: Phil ist an der Motorhaube des Wagens zum Stehen gekommen und riecht inbrünstig mit seiner feuchten Nase die komplette Fahrzeugfront ab. Dabei stehen ihm die Nackenhaare im steilen Winkel zu Berge und aus den Tiefen seiner Kehle erklingt ein dumpfes Grollen. Phil schaut mich an, dann wieder den Wagen. Und dann nochmals mich. Schließlich entscheidet er sich zum Angriff und verbellt die unschuldig dreinblickende Motorhaube. Immer wieder schaut er zu mir, als wolle er sagen: »Hey, Herrchen. Mach was! Da lauert eine Gefahr!«

Mit einem unguten Gefühl in der Bauchgegend bringe ich mein völlig gestresstes Tier in die Wohnung, belohne es mit ein paar Leckereien und gehe zurück nach draußen. Vorsichtig öffne ich die Motorhaube und zucke blitzschnell zurück. Tatsächlich: Da ist etwas! Ein Marder streckt mir sein buschiges Hinterteil entgegen.

»Ey. Hau sofort ab!«, schreie ich das Tier an. Der Nager versteht offensichtlich kein Hochdeutsch und inspiziert weiterhin höchst interessiert die Verkabelung der Zündkerzen. Kurz überlege ich, ihn einfach am Schwanz rauszuziehen, entscheide mich dann zum Glück dagegen, denn Marderbisse sind echt fies – wie ich später nachlese. Stattdessen werfe ich den Motor an und hupe den Eindringling wütend davon.

Was der Marder im Auto zerstört hat – oder noch zerstören wird – und ob überhaupt, weiß ich nicht. Mal schauen, was die nächsten Tage bringen. Aber ich will checken, was man gegen diesen Eindringling tun kann …

Was haben der mittelgroße Hund, der kleine Marder und der silberne Kombi mit der Kirche zu tun? Lange Vorgeschichte – schneller Schwenk: Nach außen hin präsentiert sich die Kirche gerne wie mein frisch geputzter Wagen, im Sonnenlicht glänzend. Dabei bietet sie ganz verschiedene »Modelle« an. Mal ist Kirche ein chromverzierter Oldtimer, der von seinen Liebhabern gehütet wird wie ein rohes Ei. Mal ist sie der praktische Kleinwagen für die Stadt. Gerne wäre sie auch der familientaugliche Van. Und ab und an der fette, beeindruckende SUV, der überall durchkommt. Sozusagen ein »offroadfähiger Allrounder«. In manchen Fällen präsentiert sie sich auch als zukunftsfähiges, umweltfreundliches E-Auto. Das tut sie eher selten.

Eigentlich ist das eines der Dinge, die ich an meiner Kirche liebe und schätze: dass sie so vielfältig ist. Und dass sie eben nicht immer mit dem gleichen Einheitsmodell unterwegs ist – selbst wenn manche das gerne so hätten. In der Realität zeigt sich, dass die Kirche mit einem großen Fuhrpark in allen möglichen Formen und Farben aufwartet – gerüstet für die verschiedensten Einsatzzwecke. Theoretisch steht für jede denkbare Aufgabe ein Fahrzeug zur Verfügung. Es braucht nur ein wenig kluge Vorausplanung und Sachkenntnis, um das passende Vehikel auf die Reise zu schicken.

Der Nachteil ist: Ein Miteinander auf Augenhöhe ist nicht immer drin. Aus dem SUV-Fenster sieht man in die Weite – und auf den Mini-Fahrer herunter. Einige sind schon losgebraust, andere zuckeln hinterher. Und für den Betrieb mancher Fahrzeuge fehlt der Sprit oder ein Ersatzteil.

Zudem braucht es für den Betrieb einer derart breiten Fahrzeugflotte nicht nur einen guten Überblick, sondern auch jede Menge Fachpersonal, das sich mit den spezifischen Vorzügen und auch Nachteilen der Gefährte bestens auskennt.

Einige Wagen sind auch gar nicht mehr fahrbereit. Oder man scheut sich, das Teil aus der Garage zu holen, weil es längst nicht mehr den offiziellen Vorgaben für einen sicheren Betrieb entspricht.

Bei manchen älteren Fahrzeugen ist der Lack im Laufe der Zeit stumpf und unansehnlich geworden. Die Sitze sind durchgesessen, der Fahrspaß getrübt.

Ob Fahrzeuge, Organisationen oder Bewegungen – entscheidend ist der Motor, der alles antreibt. Dort fließt die Energie. Und im Motor entscheidet sich, ob Energie effizient genutzt oder teilweise als heiße Luft rausgeblasen wird.

Wenn der Marder sich einmal im Motorraum ausgetobt hat, kann für nichts mehr garantiert werden. Mit seinen scharfen Zähnen durchtrennt er Kabel und Schläuche – dann ist Feierabend. Rien ne va plus.

In Zeiten von unsäglichen Missbrauchsskandalen und krassem systematischem Kirchenversagen kann man bildlich gesprochen sagen: Da hat sich nicht nur *ein* Marder in den Motorraum, das Herz der Kirche, eingeschlichen. Da ist gefühlt eine ganze Marderhorde am (Zerstörungs-)Werk. Eine Horde, die das Vehikel Kirche in vielerlei Hinsicht verkehrsunsicher gemacht hat. In Folge wurden unzählige Menschen verletzt – manche nahmen sich wegen dieser Erfahrungen das Leben. Welch unsägliches, unnötiges Leid!

Den Marder muss ich an dieser Stelle in Schutz nehmen: Das Tier folgt seinem natürlichen Instinkt und wütet im Motorraum von Fahrzeugen, weil der Geruch seiner Artgenossen es aggressiv macht. Marder haben keine moralische Verantwortung – so nervig sie auch sein mögen. Aber die Täter und Vertuscher, die Machtgeilen und Ausgrenzenden, die das Herz der Kirche durch ihr Handeln beschädigen, wissen sehr oft ganz genau, was sie da anrichten. Ihre Ausreden und Entschuldigungen sind fadenscheinig, falsch und oft genug verletzend.

Die »knurrenden und bellenden Hunde« haben schon vor langer Zeit angeschlagen. Wieder und wieder – über Jahrzehnte – haben sie überdeutlich und laut angezeigt, dass da etwas unter der Motorhaube der Kirche nicht in Ordnung ist. Was hat man alles versucht, um das Bellen zu beenden: Man hat den Hunden Knochen hingeworfen, um sie abzulenken und zu besänftigen. Hat nicht funktioniert. Man hat sie als kläffende Störenfriede bezeichnet, an die Kette gelegt oder vom Hof gejagt; in vielen Fällen hat man versucht, sie mit Maulkörben zum Schweigen zu bringen.

Erst, als die Ausfallerscheinungen nicht mehr wegzureden waren, hat man vorsichtig die Motorhaube geöffnet und mit großem Erschrecken festgestellt, welche Schäden die Marder im Lauf der Jahre angerichtet haben.

Jetzt hieß es: »Wir konnten doch nicht ahnen, dass da was nicht gestimmt hat. Wir wussten doch von nichts!«

Und Phil und seine Hundefreund*innen? Die sitzen kopfschüttelnd da und grübeln, ob sie sich wirklich die richtigen Weggefährten rausgesucht haben …

Der Apostel Paulus zeichnet das Bild von »dem einen Leib und den vielen Gliedern«: Ist ein Teil krank, hat das Auswirkungen auf den gesamten Körper.

Du bist doch auch einer von denen!

Ich komme aus der Jugendarbeit und habe viele Jahre Seite an Seite mit Kindern und Jugendlichen von einer anderen, einer bunteren, einer gerechteren Kirche und Welt träumen dürfen. Kinder und Jugendliche haben mich gelehrt zu glauben; mich als Verantwortlichen immer wieder auch hinterfragt und damit geprägt.

Vor drei Jahren hat mich der Bund der Katholischen Jugend (BDKJ) darum gebeten, in einer Kommission mitzuwirken, welche die Aufarbeitung sexualisierter Gewalt in der Kinder- und Jugendarbeit in den Blick nimmt. Das Ganze sollte unter Einbeziehung von und in Abstimmung mit Betroffenen geschehen. Als Team haben wir Zeit gebraucht, um uns in die komplexe Thematik reinzufuchsen: So groß, so gewaltig, so kompliziert, so sensibel und manchmal einfach nur erschlagend ist diese Aufgabe. Immer wieder stellten sich uns die Fragen: »Sind wir mit dem, was wir tun, auf einem guten Weg? Handeln wir angemessen und richtig?« Und vor allem: »Wie denkt jemand als Betroffene*r über dieses oder jenes Vorgehen?«

Im Januar 2022 dachten wir in der Aufarbeitungskommission des BDKJ, dass wir auf der Zielgeraden sind. Vier Monate später sollten wir unser Konzept vorstellen. Und mit jedem Tag wuchs der innere Druck. Hatten wir an alles gedacht? Werden wir unserer Verantwortung gerecht?

Dann werden am 20. Januar in München die Ergebnisse der dortigen Missbrauchsstudie vorgestellt. Weil ich einen Gottesdienst in der Gemeinde zu halten habe, kann ich im Lauf des Tages nur schnell die Überschriften der Nachrichten lesen. Das, was ich wahrnehme, erschreckt mich.

Im Gottesdienst vibriert meine Smartwatch. Ich habe vergessen, sie auszuschalten. Ein Freund schreibt mir eine Nachricht: »Kennst du den Begriff Schweinepriester? Was anderes fällt mir sonntags beim Blick auf den Altar nicht mehr ein. Dass Ihr Euch nicht den ganzen Tag schämt!«

Mein Kopf ist leer. Ich funktioniere, mache meinen Job. Spreche die Einsetzungsworte für die Eucharistiefeier: »Das ist mein Leib, der für euch hingegeben wird …« Die Gemeinde merkt nichts. Äußerlich bleibe ich ruhig. Innerlich zerfetzt es mich.

»Was macht das mit dir, wenn du siehst und hörst, wie sich die Kirche den Menschen zeigt?«, fragen mich Freunde und Bekannte immer wieder. »Warum bleibst du noch dabei? Und dann auch noch als Priester!« »Du bist doch auch einer von denen!«

In solchen Momenten fällt es mir zunehmend schwer, meine Kirche zu verteidigen. Stattdessen erkläre ich mit brüchigen Worten, warum ich trotz allem immer noch an den guten Kern glaube, der mich begeistert und hält. Dass ich meine Verantwortung wahrnehmen möchte, indem ich mit vielen anderen Christ*innen versuche, diese Kirche wieder zu einem Ort zu machen, der Menschen stärkt und befreit.

Weil es in dieser Kirche so viele Christ*innen gibt, die das Herz am richtigen Fleck haben. Und weil ich mit denen von innen heraus was ändern will.

Aber heute, an diesem Tag der schlechten Nachrichten, bin ich einfach nur leer. Habe keine Antworten – nur Fragen. Und ich fühle in mir eine unbeschreibliche Wut.

Die Hoffnung, dass *diese* Form von Kirche – die verletzt, verschweigt und Menschen in die Verzweiflung treibt – endlich stirbt.

Es ist an der Zeit, dass sich etwas ändert!

Was wächst. Was nicht.
Oder: »Gärtnern für Hoffende«

Seit einem Jahr bin ich stolzer Besitzer eines eigenen Gartens, direkt hinter dem Pfarrhaus. Ein unzähmbares Biotop, in dem irgendwie alles und nichts wächst. Beinahe unverschämt groß. Mit Wiese und Sumpf, stacheligen Brombeerhecken, Apfel-, Kirsch- und Birnbaum. Mit Maulwürfen, Wühlmäusen, Ameisen, Schnecken und allerlei Vögeln, die hier gerne Party machen. Ein Garten, in den mit Hängematten, Schwenkgrill und Strandkorb sowohl Brasilien als auch das Saarland und die Nordsee ein wenig Einzug gehalten haben. Ich liebe diesen Ort! Hier fühle ich mich zu Hause.

Die ersten Gehversuche als Gärtner habe ich auch schon gemacht – mit gemischtem Erfolg. Die Idee, teure Lavendelpflanzen in den Garten zu stellen und die Pflegeanleitung »nicht so viel gießen« allzu wörtlich zu nehmen, war nicht so dolle. Der Lavendel ist jämmerlich vertrocknet. Ebenso wenig gelungen war die Idee, meine wunderschöne Wohnzimmerpalme umzutopfen und in den Garten zu stellen – *vor* den Eisheiligen. Mein Lerneffekt: Um ein guter Gärtner zu werden, musst du noch jede Menge üben ...

Andererseits gab's auch Erfolgserlebnisse: Im Frühjahr habe ich in einen kleinen Streifen des Gartens Wildblumensamen gesät. Lange ist nichts passiert. Bis im Sommer plötzlich – fast über Nacht – ein wunderbar bunt blühendes Blumenfeld voller Farben und Insekten entstand. Ich denke auch an die im Frühjahr im Haushalt übrig gebliebenen, bereits keimenden Kartoffeln, die ich ohne größeren Plan in die Erde geworfen und ihrem Schicksal überlassen habe. Daraus sind Kartoffelpflanzen geworden, die richtig gut gewachsen sind. Irgendwann konnte ich sie ernten und daraus ein paar leckere kleine Pommes machen. In das Erdbeer-Kohlrabi-Kräuter-Tomatenbeet habe ich jede Menge Arbeit, Liebe und Pflege gesteckt. Und ich wurde nicht enttäuscht. Am Ende gab es eine richtig gute Ernte! Körbeweise konnte ich leckere Kohlrabi und Tomaten pflücken und ins Haus tragen. Die selbst gezogenen Kräuter – Petersilie, Schnittlauch und Kerbel – dufteten herrlich und schmeckten natürlich viel besser als alles, was du kaufen kannst.

Manchmal habe ich den Eindruck, dass es sich mit meiner Arbeit als Pfarrer ganz ähnlich verhält wie mit der Gartenarbeit …

Es gibt Dinge und Projekte, in die ich mit all meinem Wissen und aus vollem Herzen unglaublich viel Energie reinstecke. Dabei mache ich natürlich auch Fehler, dies und das misslingt. Schaut her – ich bin ein Mensch. Und manchmal scheitere ich sogar auf ganzer Linie. Ich habe mich so bemüht, alles dafür getan, was mir in den Sinn kam – aber es wächst einfach nicht. Die zarten Pflänzchen, die ich hege und pflege, vertrocknen und verkümmern, die so hoffnungsvoll begonnene Arbeit endet kläglich. Vielleicht, weil ich etwas falsch gemacht habe, weil ich zu ungeduldig war und zu schnell zu viel wollte. Weil ich in meinem Eifer gegossen habe und glaubte, dies würde dazu führen, dass ich früher ernten kann. Dabei gibt es eine Regel: Pflanzen brauchen eine gewisse Zeit, um zu wachsen und Früchte zu tragen. Es hilft nicht, an den Trieben zu ziehen, um sie größer zu machen. Aber es liegt auch nicht alles in meiner Hand. Das zu wissen, tut gut. Es sind viele Faktoren, die beeinflussen, ob letztlich etwas gelingt, oder eben nicht. Vielleicht kommt etwas dazwischen und lässt die ganze Sache völlig unerwartet scheitern: Starkregen, Hagel, ein plötzlicher Kälteeinbruch, Schädlinge, die die jungen Triebe schneller vernichten, als man schauen und eingreifen kann. Das tut weh ...

Gleichzeitig gibt es winzig kleine Samen, die ich ausstreue und aus denen unerwartet und manchmal sogar ohne mein Zutun etwas wächst. Wie bei den Wildblumen oder den Kartoffeln. Das geschieht meist so »nebenbei«. Ohne den großen Masterplan, ohne riesigen Aufwand. Überraschend wachsen gerade da die schönsten Blumen und Früchte, wo ich es nicht erwartet hatte.

Schon cool, was Gott so wachsen lässt: »Wie der Regen vom Himmel fällt, die Erde tränkt und sie zum Keimen und Sprossen bringt, so ist es auch mit dem Wort, das meinen Mund verlässt«, heißt es in der Bibel.

Gott, der Gärtner, der seine Samen aussät. Der die Sonne scheinen lässt und Regen und Schnee schickt. Manche meiner »Gartenprojekte« lässt er wachsen und blühen. Und andere eben nicht. Sie gehen jämmerlich ein.

Manchmal bin ich deswegen echt sauer und wütend auf Gott, den großen Gärtner. Ich verstehe nicht, warum er manche meiner Projekte, in die ich so viel Kraft investiert habe, nicht wachsen lässt. Dass er zulässt, dass die jungen

Pflänzchen, in die ich so viel Zeit, Kraft und Liebe investiert habe, am Ende verkümmern. Dass meine Pläne scheitern. Vielleicht bin ich hin und wieder auch einfach nur blind und will nicht verstehen, dass einiges nicht wachsen kann, weil ich es versemmelt habe. Zu viel, zu schnell, zu ungeduldig.

Und manchmal komme ich aus dem Staunen nicht mehr raus. Wenn ich sehe, wie Gott trotz allem, was ich und andere falsch machen, dennoch oft unerwartet Dinge wachsen und blühen lässt.

So ist Gott: ein Liebender. Einer, der Wunder geschehen lässt. Einer, dessen Handeln für uns oft rätselhaft bleibt. Ein Geheimnis.

Gott, der versucht, sein Wort auszusäen, und dabei die gleichen Erfahrungen macht wie ich mit meinem Garten – vieles gelingt und wächst, anderes verkümmert. Manchmal gelingt es ihm, uns mit seiner Frohen Botschaft zu erreichen. Dann wächst etwas, dann blüht es. Ziemlich oft aber sät er sein Wort völlig vergebens: Einfach weil wir's nicht hören wollen. Weil wir's falsch verstehen. Oder weil wir lieber unsere eigenen Pläne und Ziele verfolgen.

Trotzdem wird Gott nicht müde, es wieder und wieder zu versuchen. Er gibt nicht auf. Mit einer unglaublichen Geduld sät er sein Wort aus. Und er weigert sich, seinen Glauben an das Gute in uns aufzugeben. Seinen unerschütterlichen Glauben daran, dass *wir* seine Worte weitertragen und dafür sorgen können, dass seine Liebe konkret spürbar wird. Dass sie sich ausbreitet wie die Wildblumen auf dem Acker.

Mich macht all das demütig. Zum einen, weil ich verstehe, dass nicht alle meine Pläne und Projekte so toll sind, wie ich es mir vorgestellt habe. Zum anderen, weil mein Scheitern mir zeigt, dass ich ein Lernender bin – und wohl mein ganzes Leben lang bleiben werde.

Und es gibt mir Mut, zu beobachten, wie Gott als Gärtner wirkt. Wie er sich um so vieles sorgt und nicht aufgibt, es aufs Neue zu probieren, auch wenn ein Vorhaben schon einmal oder mehrmals gescheitert ist. Von Gott kann man Ausdauer lernen. Ich wünsche mir, genauso geduldig sein zu können. Und will mein Bestes geben und darauf hoffen, dass manche der Samen, die ich und andere ausstreuen, doch noch irgendwann einmal aufgehen werden.

Diesen Mut zum Neuanfang und die Kraft zum Durchhalten, beides wünsche ich auch dir. Trau dir zu, Gottes bunten Garten zu »bewirtschaften« und dabei deinen individuellen Weg zu gehen. Akzeptiere, dass manches anders kommen wird als geplant. Und vertraue darauf, dass Gott dich immer wieder überraschen wird. Dass er Großartiges und Wunderbares wachsen lässt – wenn wir ihm die Chance dazu geben.

Meditation beim Mistschaufeln

Der Frühling steht vor der Tür. Die Natur ist aus ihrem Winterschlaf erwacht und der viel zu große Pfarrgarten ruft laut und deutlich nach einem »Frühjahrsputz«. Zum weitaus größten Teil ist er momentan ein Biotop für allerlei Pflanzen und Getier. Das soll er auch bleiben, damit Vögel, Maulwürfe, Wühlmäuse und Co. sich wohlfühlen. Die zahlen zwar alle keine Miete, sind hier aber sehr gern zu Hause – und es macht mir grundsätzlich viel Freude, den Garten mit ihnen zu teilen.

Doch es gibt auch ein gewichtiges Problem: All diese putzigen Tierchen wollen nicht so ganz einsehen, dass es ein paar winzige Bereiche im Garten gibt, die ich für mich selbst reservieren möchte. Zum Beispiel das kleine Beet, welches wir im letzten Jahr angelegt haben, um Tomaten, Karotten, Kohlrabi und Erdbeeren zu pflanzen. Winfried, so nenne ich die quirlige Wühlmaus, der ich immer mal wieder im Garten begegne, fand das Beet so einladend, dass er sich regelmäßig den Wanst mit all den Leckereien, die es dort zu finden gab, vollgeschlagen hat. Nur ein paar klägliche Reste ließ uns das Tierchen übrig. Darüber war ich echt sauer!

Um das zu ändern und Winfried klare Grenzen aufzuzeigen, wurde das Projekt »Hochbeet« ins Leben gerufen. Mit viel

Liebe und Mühe haben wir das Teil an einem sonnigen Frühlingstag stundenlang zusammengezimmert. Ich hatte nicht geahnt, dass in ein recht kleines Hochbeet derart viel Masse reinmuss, um es zu füllen. Jetzt weiß ich es … Zuerst gehört da ganz viel Totholz und grober Kram rein, damit das Ganze von unten her »atmen« kann und nicht schimmelt. Darauf kommt eine dicke Schicht Pferdemist als Dünger und obendrauf dann schubkarrenweise Mutterboden.

Heute ist die zweite Schicht dran: Ein Bauer aus der Gegend hat mir dankenswerterweise mit seinem Traktor einen ganzen Anhänger voll Pferdemist in den Garten gekippt, der nun per Schubkarre zum 50 Meter entfernten Hochbeet befördert werden muss.

Was ich beim Wegschippen dieser riesigen Wagenladung Pferdemist gelernt habe:
 Mist riecht. Aber man gewöhnt sich dran. Mit der Zeit nimmt die Nase den Duft kaum noch wahr. Sie wird »geruchsblind«, sagt die Wissenschaft. Im Übrigen eine ganz gute Erklärung dafür, warum manche Menschen gar nicht merken, dass es mal an der Zeit wäre, frisches Deo aufzutragen oder (noch besser) zu duschen.

Mist ist natürlich auch eine schmutzige Angelegenheit. Aber »so what?!«. Als Kinder haben wir ja auch gerne im Dreck gespielt. Und dann gibt's da ja auch noch Seife.
 Während ich über diese Themen nachdenke, schaufele ich den Mist in die Schubkarre und habe von der schweren Arbeit inzwischen schon eine erste Schwiele an der Hand.
 Der Haufen geht nicht weg, wenn man vornedran steht und über ihn diskutiert. Auch dann nicht, wenn man dabei

ganz intelligent tut und ganz viele Fachausdrücke nutzt. Glaubt mir. Ich hab's probiert. Hat nicht funktioniert.

Mist ist schwer. Je länger er liegt, desto mehr verdichtet er sich. Es hilft ungemein, den Mist erst mal gründlich aufzulockern.

Mist schippen klappt nicht, wenn man sich zu fein ist, auch mal so richtig beherzt in den Haufen reinzufassen.

Mist schaufeln braucht seine Zeit. Aber es tut gut zu sehen, wie der Haufen nach und nach kleiner wird.

Manchmal regnet's auch noch beim Mistschippen. Ist doof. Aber man muss halt durch.

Wenn der Mist schließlich ordentlich verarbeitet und das Hochbeet fertig gefüllt ist ... braucht's ein bisschen Geduld. Dann kann man dort vielleicht etwas Gutes wachsen sehen.

Und jetzt sitz ich da mit meiner Flasche Feierabendbier und frage mich, ob das nicht mal 'ne schöne Meditation wäre.

Auch für unsere Kirche. Oder den ein oder anderen Bischof. Oder halt so ganz allgemein.

#mistmeditation
#gleichnis
#kirche
#lebenduftetnichtimmernachrosen

Das stinkt zum Himmel

Ein paar Tage Kurzurlaub. Das tut so gut!
 Weniger schön ist es, wenn du nach Hause zurückkommst und beim Betreten der Wohnung fast wieder rückwärts rausfällst und nach Luft schnappen musst – weil du von diesem fiesen, gammeligen, widerwärtigen Gestank begrüßt wirst, der dir aus dem Mülleimer entgegenströmt.

Scheibenkleister. Ich habe vergessen, den Abfall rauszutragen. Und der hatte jetzt mehrere Tage Zeit, in der Sommerhitze vor sich hinzugären. 847 Schmeißfliegen gefällt das. Die Ursache ist schnell behoben, doch der »würzige Duft« hängt noch ein paar Tage in der Wohnung rum.

Erkenntnis: Wenn Müll zu lange rumliegt ... dann stinkt's zum Himmel. Das gilt nicht nur für Essensreste und Hausmüll. Das gilt auch für viele Baustellen im Leben, die wir zu lange achtlos links liegen lassen und die dann ein »Eigenleben« entwickeln. Eines, das irgendwann auch beginnt zu müffeln. Oder zumindest unangenehm zu werden. Lassen wir zum Beispiel Konflikte zu lange unbearbeitet, weil wir meinen, wir könnten sie verdrängen – oder weil wir einfach keine Energie und keine Lust haben, an sie ranzugehen –, dann entwickeln sie fast unweigerlich eine unangenehme

Dynamik. Gut abgehangene Steaks schmecken, wenn man sie grillt, lecker. Lange rumhängende Konflikte sind extrem unschön.

Wie ist das eigentlich mit all den nicht erledigten Konflikten und schon lange vor sich hingärenden Themen in unserer Kirche? Die kurze Antwort: Ja, ich habe den Eindruck, da gibt's auch einiges, was übel stinkt. Und es wird nicht besser, wenn wir das Ganze einfach weiter liegen lassen. Oder wenn, wie bei manchen Themen, versucht wird, einen Deckel draufzutun und mit lehramtlicher Autorität zu behaupten, sie seien damit »ein für alle Mal erledigt«.

Solange Menschen naserümpfend und enttäuscht die Kirche verlassen, weil wir sie in wichtigen Fragen vor den Kopf stoßen, mit ihren Problemen alleine lassen oder sogar durch unser Handeln oder Unterlassen zutiefst verletzen, stinkt es zum Himmel. Basta.

Welches die größten Konflikte und Themen sind? Da braucht man nicht lange zu suchen – einfach immer der Nase nach: die zahlreichen Missbrauchsskandale und die jahrzehntelange Vertuschung, eitles Machtgehabe, Klerikalismus. Die mangelnde Beteiligung und die Zurückweisung von Frauen in der Kirche und die subtile oder unverhohlene Ausgrenzung Andersdenkender und der Menschen, die eine sexuelle Orientierung haben, die nicht der »kirchlichen Norm« entspricht.

Alles Themen die vielen schon »zum Hals raushängen«, einfach weil sie schon so lange gären und doch nicht wirklich angegangen werden. Es geht um Gerechtigkeit und um erfülltes Menschsein. Und es braucht in der Kirche endlich demokratische Strukturen als Basis für viele Entscheidungsprozesse, die anstehen. Fragen nach dem Amtsverständnis, sie müssen dringend geklärt werden. Es wird nicht besser, wenn wir weiter warten, dass sich die Dinge von alleine lösen.

Wir sind zur Freiheit berufen. Und die duftet immer gut. Deshalb: Ran an die Konflikte. Was lässt sich auf welche Weise lösen? Und was darf getrost auf den Müllhaufen der Zeitgeschichte geworfen werden? Wo brauchen wir völlig neue Ansätze? Und wie kann uns die Frohe Botschaft bei dieser Mammutaufgabe helfen?

noch eine *#mistmeditation*

Gemeinsam Mist schippen: Der Synodale Weg

Man möge mir dieses Bild verzeihen, aber es passt einfach zu gut: In Deutschland hat man sich unlängst zum gemeinsamen Mistschippen verabredet. Weil so vieles in unserer Kirche »zum Himmel stinkt«; weil die Menschen uns in Scharen den Rücken zukehren; weil mittlerweile selbst die Tauben die Steine schreien hören, war klar: Wir müssen reden!

Wir müssen reden über Macht und Missbrauch, über kirchliche (Macht-)Strukturen, die verletzen und ausgrenzen. Über all jene Dinge, die uns voneinander und von der Frohen Botschaft trennen. Und vor allem von den Menschen, für die wir eigentlich da sein sollten. Es darf keine Denkverbote geben. Wir müssen offen und ehrlich miteinander reden. Es darf gestritten und gerungen werden. Denn es geht um alles. Auch darum, ob es die Kirche perspektivisch noch geben wird.

Deshalb wurde der Synodale Weg ins Leben gerufen. Bischöfe und »Lai*innen«, junge und alte Christ*innen, »Konservative« und »Progressive« in einem Raum – mit der Aufgabe und dem Ziel, nach Lösungen zu suchen, statt übereinander herzuziehen.

Einige, insbesondere manche Bischöfe, tun sich nach meiner Wahrnehmung echt schwer damit. Sie sind anscheinend das »miteinander reden« nicht so gewöhnt. Noch weniger, kritisch hinterfragt zu werden. Erst recht nicht von »einfachen« Christ*innen, die keinen Doktortitel vor dem Namen tragen. Ein guter Teil der deutschen Bischöfe hat auf diesem Weg jede Menge gelernt. Vor allem, dass es völlig in Ordnung ist, die Frohe Botschaft aus verschiedenen Perspektiven zu beleuchten. Dass es sogar hilfreich und heilend sein kann, die Kirche und ihre Systeme kritisch zu beleuchten – indem Amtsinhaber und »Lai*innen« ihren gesunden Menschenverstand, ihren tiefen Glauben und ein weites Herz einbringen.

Was zu erwarten war: All die Themen, die oft schon seit Jahrzehnten auf dem Misthaufen der Kirchengeschichte vor sich hingammeln und zum Himmel stinken, wurden aufgegriffen: kirchliche Machtstrukturen, der Missbrauchs- und Vertuschungsskandal, die kirchliche Sexuallehre, der Umgang der Kirche mit Frauen, die Ämterfrage, der Pflichtzölibat … und vieles mehr.

Manche scheinen sich nur mit Schutzkleidung, dicken Handschuhen und viel Ekel an diese Themen ranzutrauen. Andere stellen nüchtern fest: »Es ist, was es ist: Mist.
  Mist, der schon so lange auf dem Haufen liegt, dass all diese Themen irgendwie miteinander verflochten und verworren sind. Wir müssen da ran. Denn vom Angucken und Schweigen wird's nicht besser. Lasst uns schippen!«

Auf der dritten Vollversammlung des Synodalen Weges wurden nochmals all die altbekannten Themen auf den Tisch gepackt und besprochen. Zur großen Verwunderung vieler Beobachter*innen gab es trotz heißer Diskussionen und gegensätzlicher Positionen am Ende überwältigende Mehrheiten, die sich für Veränderungen aussprachen. Mehrheiten, die feststellten: Wir müssen uns öffnen. In *allen* diesen Punkten. Wir müssen weiter (!) denken und handeln. Und wir können das auch freimütig und ohne Angst tun, weil das Evangelium Jesu uns dazu den nötigen Rückhalt und das Fundament gibt.

Welch ein großartiger Moment der Kirchengeschichte! Doch gleichzeitig ist offen, ob die Entscheidungen des Synodalen Weges in Deutschland letztlich zu wirklichen Reformen führen und die beschlossenen Öffnungen umgesetzt werden. Das ganze Gebilde ist äußerst brüchig: Denn wie zu erwarten haben die Nachrichten über den Synodalen Weg bei externen Beobachter*innen der Weltkirche zu Irritationen und vereinzelt auch zu Wutausbrüchen geführt. Der typisch katholische Reflex (boah, das nervt!) ist es, den Reformern zu unterstellen, sie wollten die Kirche als Ganzes abschaffen und das Evangelium verraten.

So äußert der Vorsitzende der Polnischen Bischofskonferenz Stanislaw Gadecki in einem Brief an Bischof Georg Bätzing, den Vorsitzenden der Deutschen Bischofskonferenz, »Besorgnis« darüber, dass der Synodale Weg die Lehre Jesu vergesse. Die Botschaft, die man an die deutsche Adresse richtete, lautete: »Vermeiden wir die Wiederholung abgedroschener Slogans und Standardforderungen wie die Abschaffung des Zölibats, das Priestertum der Frauen, die Kommunion für wieder verheiratete Geschiedene oder die Segnung von gleichgeschlechtlichen Partnerschaften.«[1]

Nach dem Motto: Lasst den Unsinn mit den Reformen und Öffnungsbestrebungen, lasst uns lieber die alte katholische Kirchenlehre so erhalten, wie sie jahrzehntelang für Ruhe und Ordnung gesorgt hat.

Auch in Deutschland haben sich konservative Kräfte gesammelt und fordern von Rom, dass man dem Treiben der Reformer endlich Einhalt gebietet und die Beschlüsse des Synodalen Weges »kassiert«.

Und jetzt? Als deutlicher Unterstützer der genannten Forderungen muss ich Erzbischof Gadecki in Teilen sogar recht geben: Ja. All diese »Slogans und Standardforderungen« sind schon etliche Male wiederholt worden. Sie sind tatsächlich abgedroschen – in dem Sinn, dass sie schon unzählige Male von allen Seiten beleuchtet, durchgekaut, zerlegt, neu zusammengefügt wurden. Sie sind theologisch »gedroschen«; bis ins Detail analysiert worden. Alle Argumente – für jede denkbare Position – liegen seit Langem auf dem Tisch. Die Frage ist doch, was wir damit machen?!

Viele katholische Kirchenobere und Konservative würden diese Dinge gerne tief unten im Misthaufen der Kirchengeschichte vergraben und liegen lassen. Aber warum?

Besteht etwa die Hoffnung, dass sie in Vergessenheit geraten?

Glauben die Verantwortlichen im Vatikan und den Bischofssitzen der katholischen Kirche allen Ernstes, dass sich etwas, das dermaßen stinkt, einfach so verdecken und übertünchen lässt?

Hält man es tatsächlich für redlich zu sagen: »Das wurde bereits ein für alle Mal entschieden – ab jetzt dürft ihr nicht mehr drüber nachdenken und diskutieren.«?

Halten es die Gegner von Reformen auch dann noch für redlich, wenn zunehmend selbst die »Frommen« und all diejenigen, die der Kirche lange trotz vieler Fragen die Treue gehalten haben, nun laut und deutlich nach Veränderung rufen? Merken die konservativen »Bewahrer« denn nicht, dass es mittlerweile nicht mehr allein die verhassten »Linken« und die Progressiven sind, die ihre Stimme erheben, sondern zunehmend auch Bischöfe, Priester und Ordensgemeinschaften rund um den Globus? Glaubt ihr wirklich, die sind alle vom Glauben abgefallen?

Und könnte es nicht sein, dass der Heilige Geist hier immer lauter und lauter ruft – sich schon fast schreiend zu Wort meldet, um uns daran zu erinnern, dass es schon lange nicht mehr um »Traditionen« geht, sondern darum, ob es uns gelingt, die Frohe Botschaft in unserer Zeit glaubwürdig und an Jesus orientiert zu leben?

Der Synodale Weg hat sich entschieden, vieles auszumisten und die Altlasten ans Licht zu bringen, damit sie nicht weiter vor sich hinstinken. Vieles soll auf der Basis des Evangeliums wieder einmal theologisch durchleuchtet werden, um dann klare Vorschläge zu machen, wie es anders und besser gehen könnte als bisher.

Dazu gehört Mut. Und auch die Entscheidung, herzhaft zuzupacken – auch, wenn's nicht immer angenehm oder bequem ist. Und es gehört letztlich dazu vor allem auch das Vertrauen, dass sich ein Misthaufen irgendwann in Dünger verwandeln kann. Damit etwas Neues wächst.

Was wächst – was nicht?
Das wird die Ernte zeigen!

Immer wieder sonntags

Sonntag, zehn Uhr. Die Glocken haben aufgehört zu läuten und die Orgel begleitet unsere kleine Gruppe beim Einzug in die große, schöne Kirche. Vor mir gehen zwei Ministrant*innen, ein Kommunionkind und ein erwachsener Mann. Weil es hier in der Diasporapfarrei derzeit kaum Kinder als Ministrant*innen gibt, hat sich eine Gruppe von Männern bereit erklärt, diesen Dienst in der Pfarrei zu unterstützen. Ich finde das gut und freue mich über die beiden, die mit mir in die Kirche einziehen und dann während des Gottesdienstes im Altarraum aktiv sind.

Mittlerweile kenne ich fast alle in der Gemeinde. Bei den Namen bin ich mir oft unsicher – Namen konnte ich mir schon immer schlecht merken –, aber die Gesichter sind mir vertraut. Die meisten Gottesdienstbesucher sind schon älter. Hier und da sitzen in den Bankreihen ein paar Familien und vereinzelte junge Erwachsene; Jugendliche tauchen kaum auf. Ab und an sehe ich auch fremde, neue Gesichter und freue mich darüber. Manche von ihnen werden wiederkommen, andere nicht.

Vor Corona stiegen die Besucherzahlen an. Eine positive Entwicklung. Während der ersten beiden Pandemiejahre kamen verständlicherweise weniger Menschen, auch weil die

Hygieneregeln nur eine begrenzte Personenzahl in der Kirche erlaubten. Ein paar Plätze blieben meistens dennoch frei. Einige blieben fern, weil ihnen der ganze Anmeldungsaufwand zu nervig war, andere, weil sie festgestellt haben, dass es auch ohne Sonntagsmesse ganz gut geht ...

Wir feiern Gottesdienst. Eucharistie – die große Feier, in der wir uns an das Leben, das Sterben und die Auferstehung Jesu erinnern. Jene Feier, die die Kirche als Quelle und Höhepunkt des kirchlichen Lebens bezeichnet. (*Lumen gentium*, 11)

»Es war eine schöne Feier«, werden mir ein paar der Teilnehmer*innen danach zurückmelden. Vielleicht auch, dass ihnen die Predigt gefallen hat. Andere bemängeln, dass man mich wegen der blöden Tonanlage mal wieder so schlecht verstanden habe.

Die Mehrheit der Besucher*innen wird ohne Rückmeldung nach Hause gehen. In meiner Wunschvorstellung gehen sie mit ein paar guten Gedanken, die sie in die neue Woche hineinbegleiten. Im besten Fall fühlen sie sich innerlich gestärkt für all die Herausforderungen, die im Alltag warten. Vielleicht haben einige sogar eine konkrete Idee aus dem Gottesdienst mitgenommen, wie sie zukünftig als Christ*innen die Liebe Gottes in ihrem Leben umsetzen können.

Auch ich gehe nach Hause. An manchen Sonntagen beschwingt und recht zufrieden, an anderen ein wenig enttäuscht von meiner mittelmäßigen »Performance«. Und auch ich habe Fragen und Zweifel, wie viele. Sich selbst auch immer wieder einmal infrage zu stellen, ist wichtig, aber es braucht auch Gewissheiten.

Wie gut, wenn die Feiernden nach der Eucharistie gehen und etwas »mitnehmen«. Wenn sie für sich sagen können: »Ja, das war eine Zeit mit Gott. Und die hat mir gutgetan.«

Aber was ist mit denen, in deren Herzen sich nichts gerührt hat? Was ist mit den weit über 90 Prozent der Christ*innen in unserer Pfarrei, die nicht zum Gottesdienst gekommen sind? Und was ist mit all den anderen Menschen – ob sie Christ*in sind oder nicht? Menschen, zu denen wir als Glaubende als Boten der Liebe gesandt sind?!

Wenn die Eucharistie wirklich »Quelle und Höhepunkt« des christlichen Lebens ist, dann muss da doch irgendwas ganz gewaltig schieflaufen! Denn wäre diese Feier wirklich eine Quelle und ein Höhepunkt für die Menschen – müssten dann nicht alle wie beim Endspiel einer Fußball-WM vor lauter Begeisterung aufspringen und sagen: »Das will ich nicht verpassen!«; »Da muss ich dabei sein!«?

Müssten da nicht alle sagen können: »Das ist so genial – im Gottesdienst bekomme ich etwas Einmaliges für mein Leben geschenkt, etwas, was mir echt weiterhilft!«?

Ich bin überzeugt davon, dass für die meisten derjenigen, die Sonntag für Sonntag mitfeiern, die Eucharistie wirklich Quelle und Höhepunkt ihres geistlichen Lebens ist. Das finde ich super! Gleichzeitig habe ich den Verdacht, dass wir als Kirche irgendwie den Anschluss verpasst haben, wenn wir zu dieser Feier einladen und die Mehrheit der Gemeinde nicht kommt. Menschen, die sich sicherlich genauso nach Sinn, nach Gerechtigkeit, nach Liebe, nach Freiheit, nach einem erfüllten Leben sehnen wie die treuen Kirchgänger*innen.

Was haben wir denen, die nicht kommen, anzubieten? Ist die Eucharistie wirklich das, was sie jetzt gerade brauchen? Oder brauchen sie vielleicht andere Angebote und konkretere Hilfen für ihre Lebenswege?

Wie können wir an die Lebenswirklichkeit derer andocken, für die Kirche momentan ein ferner Ort ist? Und wie könnte ein Weg aussehen, der uns einander näherbringt? So, dass ein WOW-Moment entsteht?

Aufwachen

Februar/März 2022. Wladimir Putin hat seine Truppen losgeschickt, um einen Angriffskrieg gegen die Ukraine zu führen. Bomben fallen auf Städte, Raketen treffen Häuser. Ein Land wird unter hohlen Vorwänden angegriffen. Menschen sterben und verlieren ihr Zuhause. Millionen Menschen sind auf der Flucht.

An einem Sonntagabend Anfang März sitze ich mit der Bierflasche in der Hand auf dem Sofa und freue mich auf den *Tatort*. Bei all den schlechten Nachrichten tut es gut, mal für anderthalb Stunden abzuschalten und sich mit einem spannenden Krimi abzulenken.

Es klingelt an der Pfarrhaustür. Der Oberbürgermeister steht vor mir und bittet mich um ein Gespräch. »Carsten, wir haben ein Problem. Die Flüchtlingsunterkunft in Steinbach ist voll – und in ein paar Tagen will uns das Land noch mal 100 Kriegsgeflüchtete schicken. Könnt ihr uns helfen?«

Wir sitzen zusammen, grübeln und suchen nach Lösungen. Ein paar Telefonate und wir haben das Okay der Kolpingsfamilie Rohrbach (Saar), die ein Selbstversorgerhaus auf unserem Pfarreigebiet betreibt. Wir dürfen das Kolpinghaus Falkenstein für ein paar Wochen als provisorische Notunterkunft nutzen. Noch in der Nacht mache ich mich auf den Weg nach Steinbach, um mich in der dortigen Unterkunft mit den Vertretern des Roten Kreuzes zu treffen. Die erklären mir in einem »Crashkurs«, wie man so ein Projekt aus dem Boden stampft.

Die folgenden Tage verbringe ich quasi rund um die Uhr am Telefon und am PC. Rede mit vielen Menschen, suche nach Helfer*innen und Material, erstelle Dienstpläne, Einkaufslisten und Zimmerbelegungs-Übersichten. Die Hilfsbereitschaft aus unserer Pfarrei und in der Bevölkerung ist immens. Innerhalb von zwei Tagen wird von etlichen Menschen die komplette materielle Grundversorgung gespendet: Lebensmittel, Getränke, Kleidung, Hygieneartikel, Windeln, Kindersitze, Spielzeug ...
Im gleichen Zeitraum füllt sich die Liste der Helfer*innen. Am Ende melden sich knapp 100 Menschen aus der Region und darüber hinaus. Viele kennen sich nicht, die meisten haben noch nicht zusammengearbeitet. Frauen und Männer, Menschen mit völlig verschiedenen Interessen, Geschichten, Hobbys und Lebenswelten; katholisch, evangelisch, keiner Religion angehörend, ausgetreten, atheistisch, jung, alt (oder irgendwas zwischendrin), Was uns vereint ist die Sehnsucht nach einer helleren, friedlicheren und gerechteren Welt – und unsere Bereitschaft, dort anzupacken, wo wir gebraucht werden. Alle sind bereit zu helfen und tun es auch: In der Küche, als Fahrdienst, im Housekeeping, als Dolmetscher*in ...

Eine Woche später ist es dann so weit: Die ersten Gäste ziehen in Falkenstein ein. Gemeinsam mit dem Helferteam nehmen wir sie mit offenen Armen auf, bieten ihnen eine sichere Unterkunft. Und wir machen uns direkt auch auf die

Suche nach einem Wohnraum, in dem sie im Anschluss an die Zeit in Falkenstein für eine Weile fest unterkommen und sich behördlich anmelden können. Denn erst dann können unsere Gäste Sozialhilfe beantragen, nach Jobs suchen und ihre Kinder in die Schule oder Kita schicken.

Seit zwei Wochen läuft unser Projekt jetzt. Jeden Tag lernen wir dazu. Und jeden Tag gibt es neue Probleme, die wir gemeinsam lösen. Alle Beteiligten stecken Unmengen an Zeit, Energie und Liebe in ihr Engagement. Unsere Gäste sind meistens nur wenige Tage bei uns, bevor wir ihnen Wohnungen vermitteln können. Ständig kommen neue Menschen hinzu. Die meisten sind alleinreisende Frauen mit ihren Kindern. Mehr als die Hälfte unserer Gäste sind Minderjährige.
Die Papas sind im Kriegsgebiet geblieben. Ob die Familien jemals wieder zusammenfinden werden, ist ungewiss.

Meine Arbeit als Pfarrer hat sich in diesen Wochen komplett verändert. Unsere Gäste haben oberste Priorität. Meine Zeit verbringe ich mit Organisieren, Telefonieren und der Suche nach Lösungen für allerlei Probleme. In den Pausen rattert das Gehirn ununterbrochen weiter. Und wenn dann wirklich mal nichts zu tun ist, kommen mir ohne Vorwarnung die Tränen. Dann sitze ich da und heule. Denn ich bekomme die Kriegsgeschichten unserer kleinen und großen Gäste nicht aus dem Kopf.

Bei all dem grausamen und schrecklichen Leid, mit dem wir uns gerade tagein, tagaus beschäftigen, gibt es eine Sache, die mich begeistert und die mir Hoffnung macht: Unsere Pfarrei ist wach geworden. Plötzlich sind da überall Christ*innen und Nichtchrist*innen, die helfen. Wer in diesen Tagen von der »Kirche in Winnweiler« redet, spricht nicht über ein kleines vom Aussterben bedrohtes Überbleibsel aus alten Zeiten, sondern von einer quicklebendigen Gemeinschaft von völlig unterschiedlichen Menschen, die gemeinsam die Nächstenliebe leben.

So geht Kirche.

Nachtrag: Am Ende dauerte unser Projekt statt der ursprünglich geplanten zwei bis drei Wochen ganze 45 Tage. Fast 100 Menschen waren zu Gast und haben zusammengerechnet über 800 Tage und Nächte bei uns verbracht. Die meisten leben nun in Wohnungen in unserer Region, einige sind weitergezogen. Mit vielen sind wir weiterhin in freundschaftlichem Kontakt. Auch wenn das Projekt „Notunterkunft" nun abgeschlossen ist, werden wir und unsere Helfer*innen sich noch lange um die Menschen kümmern. Das nächste Projekt zur Unterstützung steht bereits in den Startlöchern. Doch das ist ein Kapitel, das noch zu schreiben und zu leben ist: Das Abenteuer „Miteinander-Füreinander" geht weiter …

Haltung

Haltung haben und bewahren.
    Eine Überzeugung haben und dazu stehen.
    Grundsätze vertreten und sich nicht verbiegen lassen.
    Es nicht recht machen wollen und können.

Für gerechtes und geschwisterliches Miteinander eintreten.
    Kritisch hinterfragen, ob das, was wir tun, das ist, was gebraucht wird.
    Dass ist so mühsam und kraftraubend.

Wie viel leichter erscheint es, ein Fähnchen im Wind zu sein.
    Es einfach allen recht machen.
    Um des lieben Friedens willen.
    Um mehr »Freunde« zu haben, mehr Anerkennung, mehr Ruhe.

Der Preis: Alles hinter sich lassen, wofür man steht.
    Ist es das wert?

Beten

So viel gebetet wie in diesen Wochen wurde hier schon lange nicht mehr.

So viel Gottesdienst wie in diesen Wochen gab es hier schon lange nicht mehr.

Unsere Gottesdienste finden weniger in der Kirche statt, sondern vielmehr in unserer Notunterkunft für Kriegsgeflüchtete aus der Ukraine in Falkenstein. Der Gottesdienstplan wird täglich ausgedruckt und per Mail an unsere Helfer*innen geschickt. Er trägt den Titel »Dienstplan«. Die einzelnen Gottesdienstzeiten dauern zwischen drei Stunden und drei Tagen.

Gebetet wird quasi rund um die Uhr. Die Gebete bestehen weniger in frommen Worten, Psalmen und Liedern. Hier in Falkenstein wird mit den Händen gebetet: beim Küchendienst, beim Kloputzen, beim Organisieren und Bettenbeziehen. Beim Spielen mit den Kindern, beim Anlegen und Ausfüllen von Listen und Plänen. Und beim gemeinsamen Essen, Lachen und Weinen.

Ich glaube, diese Art von Gottesdienst und Gebet kommt bei Gott ziemlich gut an. Vermutlich freut er sich gerade mehr über einen Menschen, der einem geflüchteten Kind ein Lächeln schenkt, als über ein »Vaterunser« in der Kirche. Er freut sich mehr über einen Menschen, der mal eben schnell ein paar dringend benötigte Medikamente aus der Apotheke bringt, als über ein Rosenkranzgebet in der Kapelle.

Nein – ich will diese beiden Arten von Gottesdienst und Gebet nicht gegeneinander ausspielen. Beide sind heilsam, hilfreich und gut. Die Frage ist vielmehr, was jetzt dran ist und was gerade in diesem Moment gebraucht wird.

Jetzt – ist die Zeit, mit tatkräftigen Händen zu beten.
    Jetzt – ist die Zeit, Gott zu dienen, indem wir für Menschen in größter Not da sind.

Alles hat seine Stunde.

Für jedes Geschehen unter dem Himmel gibt es eine bestimmte Zeit:
eine Zeit zum Gebären / und eine Zeit zum Sterben, /
eine Zeit zum Pflanzen / und eine Zeit zum Ausreißen der Pflanzen, /
eine Zeit zum Töten / und eine Zeit zum Heilen, /
eine Zeit zum Niederreißen / und eine Zeit zum Bauen, /
eine Zeit zum Weinen / und eine Zeit zum Lachen, /
eine Zeit für die Klage / und eine Zeit für den Tanz; /
eine Zeit zum Steinewerfen / und eine Zeit zum Steinesammeln, /
eine Zeit zum Umarmen / und eine Zeit, die Umarmung zu lösen, /
eine Zeit zum Suchen / und eine Zeit zum Verlieren, /
eine Zeit zum Behalten / und eine Zeit zum Wegwerfen, /

*eine Zeit zum Zerreißen / und eine Zeit zum Zusammen-
nähen, /
eine Zeit zum Schweigen / und eine Zeit zum Reden, /
eine Zeit zum Lieben / und eine Zeit zum Hassen, /
eine Zeit für den Krieg / und eine Zeit für den Frieden.*

Prediger 3, 1–8

Das Paschafest der Juden war nahe und Jesus zog nach Jerusalem hinauf.
Im Tempel fand er die Verkäufer von Rindern, Schafen und Tauben und die Geldwechsler, die dort saßen.
Er machte eine Geißel aus Stricken und trieb sie alle aus dem Tempel hinaus samt den Schafen und Rindern; das Geld der Wechsler schüttete er aus, ihre Tische stieß er um und zu den Taubenhändlern sagte er: Schafft das hier weg, macht das Haus meines Vaters nicht zu einer Markthalle!
Seine Jünger erinnerten sich, dass geschrieben steht: Der Eifer für dein Haus wird mich verzehren.
Da ergriffen die Juden das Wort und sagten zu ihm: Welches Zeichen lässt du uns sehen, dass du dies tun darfst?
Jesus antwortete ihnen: Reißt diesen Tempel nieder und in drei Tagen werde ich ihn wieder aufrichten.
Da sagten die Juden: Sechsundvierzig Jahre wurde an diesem Tempel gebaut und du willst ihn in drei Tagen wieder aufrichten?
Er aber meinte den Tempel seines Leibes.
Als er von den Toten auferweckt war, erinnerten sich seine Jünger, dass er dies gesagt hatte, und sie glaubten der Schrift und dem Wort, das Jesus gesprochen hatte.
Während er zum Paschafest in Jerusalem war, kamen viele zum Glauben an seinen Namen, da sie die Zeichen sahen, die er tat.
Jesus selbst aber vertraute sich ihnen nicht an, denn er kannte sie alle und brauchte von keinem ein Zeugnis über den Menschen; denn er wusste, was im Menschen war.

Joh 2, 13–25

Ganz anders

Der liebe Jesus. Immer nett und freundlich. Er lächelt milde vor sich hin und ist zu allen ganz lieb. So ein ganz Netter halt – der es den Menschen recht macht und der immer schön in jede Situation »passt«.

Ähm … nein.
Jesus kann auch ganz anders. Er ist nicht immer nur lieb und nett. Jesus kann auch richtig an die Decke gehen – und das macht er auch, wenn's sein muss.
Er ist nämlich nicht gekommen, um es uns recht zu machen.
Jesus ist nicht gekommen, um all unsere Befindlichkeiten zu streicheln und sich schön brav in unser Weltbild einzufügen.
Im Gegenteil!

Jesus hat ganz klare Vorstellungen: Er erklärt mal eben – ganz pauschal – den kompletten Planeten zum »Reich Gottes«. Und das Reich Gottes, so sagt er, das muss anders aussehen als diese Welt!

Reich Gottes – dort herrschen Gerechtigkeit, Freiheit, Frieden und Liebe. Was schön ist: Das Reich Gottes ist in Ansätzen schon da! Es beginnt überall dort, wo Menschen es im Kleinen leben oder es zumindest versuchen. Aber im Großen und Ganzen ist es oft mehr eine Baustelle. Denn wir haben so unsere Probleme mit der Umsetzung.

Jesus hat mit seiner Botschaft einen Grundstein gelegt und hofft drauf, dass seine Jünger*innen und alle Menschen guten Willens daran weiterbauen.

Gerechtigkeit, Freiheit, Frieden sollen wachsen, sich ausbreiten. Jede und jeder soll spüren und schmecken können, dass dieses Reich Gottes gut ist. Richtig gut! Jesus zeichnet das Reich Gottes, indem er Dinge als »Heilig« definiert.

»Heilig« bedeutet: Da ist Gott ganz nah mit dabei.
»Heilig« – das hat Vorrang vor allem anderen.

Heilig sind für Jesus zuallererst die Menschen.
Warum?
Ganz einfach: Weil sie Kinder Gottes sind.
Genau so sollte auch jeder Mensch behandelt werden – ohne Unterschied. Egal, welchen Stand, welche Herkunft und welche Hautfarbe er hat. Und egal, ob er glaubt oder zweifelt.

Alle haben die gleiche Würde! Gerecht soll es im Reich Gottes zugehen!

Deshalb wendet sich Jesus vor allem denen zu, die unwürdig behandelt werden. Den Menschen, die unter elenden Bedingungen leben müssen, die wenig besitzen. Denjenigen, die in der menschlichen Hierarchie ganz »unten« sind. Denen, auf die man herabschaut, begegnet Jesus auf Augenhöhe.

Augenhöhe – ja, die ist ihm auch heilig.

Das Reich Gottes kannst du da schmecken, wo Menschen auf das Heilige achtgeben und es respektieren: Dort, wo Menschen gerecht miteinander umgehen. Auf Augenhöhe agieren, den anderen Menschen respektvoll begegnen, ihnen Würde geben. Das Reich Gottes beginnt dort, wo jene, die Macht haben, ihre Macht dazu nutzen, die Welt zu einem besseren Ort zu machen. Das Reich Gottes kannst du dort erkennen, wo Menschen füreinander sichere Orte gestalten. Orte, an denen jede*r Zuflucht findet, die oder der von den Stürmen des Lebens gebeutelt ist und dringend einen sicheren Hafen braucht.

Tja – und überall dort, wo wir das »Heilige« mit Füßen treten, wird Jesus deutlich. Sehr deutlich. Und wenn's sein muss, auch laut. Sehr laut.

In der biblischen Erzählung wirft er die Tische der Händler schreiend durch die Gegend, weil sie den Tempel – »das Haus Gottes« – zu einer Markthalle machen ...

Wie würde Jesus wohl reagieren, wenn er bei einer Weltreise so manche Orte unserer Zeit besuchen würde?

Flüchtlingslager wie in Moria, in denen Menschen unter grauenhaften Umständen wie Tiere eingepfercht und behandelt werden?

Eine Nähfabrik in Bangladesch, in der Menschen für einen Hungerlohn ausgebeutet werden?

Ein Land, in dem freie Wahlen mit Einschüchterung und Gewalt unterdrückt werden?

Oder ... auch, wenn's wehtut: unsere Kirche?

Ein angeblich sicherer Hafen, in dem so viele Schutzbefohlene, Kinder und Erwachsene, so viel Leid erfahren haben.

Ein Ort, der für sich behauptet, dass hier das Reich Gottes schon spürbar sei – an dem diese Sache mit der Augenhöhe aber nicht so recht funktionieren will.

Und das alles unter »seiner Flagge«?

Ob Jesus da lieb und brav und ruhig bleiben könnte, wenn er das sieht?

Oder würde er eher ausrasten und uns fragen, ob wir den Knall noch nicht gehört haben?

Jesus hat einen klaren Plan und eine klare Vorstellung vom Reich Gottes in dieser Welt. Ein Ort, an dem Gerechtigkeit und Würde, Freiheit, Frieden und Liebe großgeschrieben werden.

Manchmal gelingt das. Und es gibt solche Orte, an denen man spürt: So muss es sein! So ist es wunderbar.

Orte und die Menschen, die innerlich strahlen! Die Lust auf mehr machen.

Aber wir haben auch noch jede Menge dicke Bretter zu bohren, um an vielen Stellen vorwärts- und weiterzukommen. Es gilt, manches aufzuräumen, neu anzufangen. Liebevoller und barmherziger mit den Menschen, die uns anvertraut sind, umzugehen. Achtsamer zu sein. Und wir müssen uns eingestehen, dass wir Schuld auf uns geladen haben, indem wir manches, was Gott uns ans Herz gelegt hat, achtlos beiseitegewischt oder sogar mit den Füßen getreten haben.

Dass wir machtvoll agiert haben, statt den Einzelnen im Blick zu haben. Und dass wir kleinlich waren, wo Großzügigkeit angesagt gewesen wäre.

Jesus ist ungeduldig. Er will sich nicht auf »irgendwann« vertrösten lassen.

Ich höre ihn sagen: »*Kriegt euren Hintern hoch und sorgt gefälligst dafür, dass das Reich Gottes wachsen kann.*« Nicht morgen, sondern Heute. Und nicht irgendwo, sondern Hier.

Wo hast du selbst schon etwas vom Reich Gottes spüren können? Welche Orte, welche Begegnungen haben dich schmecken lassen, dass Gott da ganz nah dabei ist? Und wo geht dir die Hutschnur hoch, weil es ungerecht zugeht? Was kannst du beitragen, das Reich Gottes aufzubauen?

Neuevangelisierung

»*Wir brauchen keine Strukturreformen. Wir brauchen keine Änderung der Sexualmoral, keine Priesterinnen, keine Aufhebung des Zölibats, keine Demokratisierung und erst recht keine Protestantisierung der Kirche. Was wir brauchen, ist eine NEUEVANGELISIERUNG! Wir müssen die Menschen neu mit dem Evangelium und der Botschaft Jesu vertraut machen.*«

Solche und ähnliche Aussagen sind regelmäßig zu lesen und zu hören: von Bischöfen, Priestern und Gläubigen, die sich selbst gerne als »kirchentreu« bezeichnen – und mit großer Skepsis auf innerkirchliche Entwicklungen wie den Synodalen Weg blicken. Auffallend häufig wird dann noch der Vorwurf nachgeschoben, all jene, die für Änderungen am bestehenden System eintreten, nähmen das mit der Kirchentreue, der Bibel und dem Glauben nicht ganz so ernst. Eben weil sie dafür sind, Frauen zu Priesterinnen zu weihen, den Zölibat für Priester aufzuheben oder Menschen zu segnen, die homosexuell sind. Diese Anklage erfolgt in unterschiedlicher Schärfe – mal eher verhohlen, mal überdeutlich: »Die so etwas fordern oder jedem den Segen erteilen, der danach fragt – all diese Menschen sind vom Glauben abgefallen.«

»Jaaa! Genau! Richtig!«, möchte ich da rufen. Dazu später mehr.

Gleichzeitig spüre ich eine Wut in mir und denke: »Hallo? Seid ihr noch ganz sauber? Macht euch mal ein bisschen locker! Und wenn ›kirchentreu‹ bedeutet, einfach nur das fortzusetzen, was man schon immer so gemacht hat, dann gehöre ich auch zu den Untreuen!«

Uff. Hinsetzen. Luft holen. Durchatmen. Ich versuche das mal etwas einzuordnen. Und beginne mit meiner Kritik, um positiv und konstruktiv enden zu können …

Zunächst einmal halte ich es für mehr als kontraproduktiv, einander den Glauben abzusprechen. Haben wir Christ*innen das wirklich nötig?

Wie peinlich muss eine solche Kirche für Außenstehende wirken: »Schaut mal hin. Das sind also die Jüngerinnen und Jünger Jesu – ein verbitterter, ständig zankender Haufen. Seht und hört, wie sie sich gegenseitig anschreien und mit Vorwürfen konfrontieren. Nennt mir einen vernünftigen Grund, warum ich bei dem Verein dabei sein sollte!«

Und ich frage mich: Woher kommt die schräge Einstellung, Themen wie die Sexualmoral, die Ämterbesetzung oder die Frage nach der Rolle der Frauen in der Kirche hätten nichts mit dem Evangelium zu tun?

Ist es nicht vielmehr eine absolut essenzielle Frage des Evangeliums, wie wir Christen miteinander und mit dieser Welt umgehen? Wie wir uns »aufstellen« – auch strukturell –, um als Gemeinschaft die Frohe Botschaft zu verkünden?

Schließlich: Wem dient die (ab)wertende Rede von der »Protestantisierung der katholischen Kirche«? Was ist daran schlimm, von anderen christlichen Kirchen zu lernen und sie dort nachzuahmen, wo sie vielleicht näher an der Botschaft Jesu dran sind als wir?

Auch hier frage ich mich, ob wir es nötig haben, unsere evangelischen Glaubensgeschwister quasi als schlechtes Vorbild hinzustellen ...

Fazit: Wer von »Neuevangelisierung« redet und diesen Begriff gleichzeitig als Kampfbegriff einführt, um unliebsame Themen und Positionen abzuwerten, macht sich aus meiner Sicht selbst als Gesprächspartner unglaubwürdig. Und als Christ*in erst recht. Denn hier geht es offensichtlich nicht um die Sache Jesu, sondern um Nebenschauplätze. Bei solchem Gehabe bin ich fast versucht zu fragen, ob wir hier im Kindergarten sind. Das wäre jedoch allen Kindern gegenüber ungerecht und vereinnahmend ...

Blendet man all diese Aspekte aus, bleibt die Kernaussage übrig, der ich voll und ganz zustimme: Ja, wir brauchen eine Neuevangelisierung.
So schnell und so tief und so gründlich wie möglich. Dieser Wunsch sollte durch jede einzelne Zelle unserer »christlichen DNA« dringen. Denn »Neuevangelisierung« bedeutet ja nichts anderes als »Lasst uns noch mal ganz genau auf das Evangelium, auf die Frohe Botschaft schauen. Lasst uns einen Cut machen und zurück zu den Wurzeln gehen. Zu Jesus«.
Denn er hat uns in den drei Jahren seines öffentlichen Wirkens mehr als genug Input gegeben, um damit unsere Kirche und unsere Welt zu gestalten. Alles, was er gesagt hat, gilt auch heute, im 21. Jahrhundert. In so vielem kann er uns Vorbild sein: mit seiner unerschöpflichen Liebe, seiner Zuwendung zu den Menschen, seiner Hingabe. Seiner Barmherzigkeit, seiner Sanftmut, seinem Gerechtigkeitssinn. Und mit seinem konsequenten Verzicht auf jegliches Machtgehabe und auf Gewalt.

Eine ehrliche und ernsthafte Neuevangelisierung würde bedeuten, dass wir uns zuallererst einmal Zeit nähmen, die Evangelien sehr (!) genau zu lesen – mit dem Ziel, herauszufinden, welche Botschaft Jesus *uns* heute mitgeben möchte. Weil wir wüssten, dass Gott uns Menschen mit Vernunft ausgestattet hat, würden wir uns bei der Interpretation der 2000 Jahre alten Texte durch die Theologie und durch die Naturwissenschaften unterstützen lassen. Wir wären uns auch darüber bewusst, dass es unredlich wäre, solche alten Schriften ohne ihren Kontext zu lesen. Die Frage »Was würde Jesus heute tun?« würde als große, fette Überschrift über allem stehen.

In einem zweiten Schritt würden wir unsere Kirche anschauen und uns fragen:

Entspricht sie dem Bild, das Jesus von der Gemeinschaft der Christen gezeichnet hat? Ist es eine Kirche, die in seinem Sinne handelt?

Nehmen wir einmal an, wir wären bereit, alles (wirklich *alles*) infrage zu stellen – unser gesamtes Denken, Reden und Handeln als Kirche. Und es gäbe weder Denk- noch Redeverbote – in welche Richtung auch immer. Natürlich würden wir dann auch über Themen wie die Sexualmoral der Kirche, die Stellung der Frauen, demokratische Prozesse und die Ämterfrage reden. Schon alleine aus dem Grund, weil diese Themen seit Jahrzehnten vor sich hingären.

Wenn wir dem Heiligen Geist erlauben würden, uns bis ins Mark zu hinterfragen und zu erschüttern, dann wäre das alles andere als bequem. Aber es wäre ehrlich.

Und wenn wir am Ende herausfinden würden, dass der Geist Gottes grundlegende und tiefgreifende Veränderungen von uns erwarten würde – dann dürften wir keine Angst haben, sondern müssten mutig an all die Baustellen rangehen, welche dieser zutiefst spirituelle Prozess der Neuevangelisierung uns aufgezeigt hat.

So – wird ein Schuh draus.
 Worauf warten wir noch?!

Die sieben Werke der Barmherzigkeit

Wenn der Menschensohn in seiner Herrlichkeit kommt und alle Engel mit ihm, dann wird er sich auf den Thron seiner Herrlichkeit setzen. Und alle Völker werden vor ihm versammelt werden und er wird sie voneinander scheiden, wie der Hirt die Schafe von den Böcken scheidet. Er wird die Schafe zu seiner Rechten stellen, die Böcke aber zur Linken. Dann wird der König denen zu seiner Rechten sagen: Kommt her, die ihr von meinem Vater gesegnet seid, empfangt das Reich als Erbe, das seit der Erschaffung der Welt für euch bestimmt ist! Denn ich war hungrig und ihr habt mir zu essen gegeben; ich war durstig und ihr habt mir zu trinken gegeben; ich war fremd und ihr habt mich aufgenommen; ich war nackt und ihr habt mir Kleidung gegeben; ich war krank und ihr habt mich besucht; ich war im Gefängnis und ihr seid zu mir gekommen. Dann werden ihm die Gerechten antworten und sagen: Herr, wann haben wir dich hungrig gesehen und dir zu essen gegeben oder durstig und dir zu trinken gegeben? Und wann haben wir dich fremd gesehen und aufgenommen oder nackt und dir Kleidung gegeben? Und wann haben wir dich krank oder im Gefängnis gesehen und sind zu dir gekommen? Darauf wird der König ihnen antworten: Amen, ich sage euch: Was ihr für einen meiner geringsten Brüder getan habt, das habt ihr mir getan.
Mt 25, 31–40

»Der Zölibat ist ein Geschenk für die Kirche« *Joseph Ratzinger*

Da stimme ich zu, lieber Joseph.

Und frage mich: Traue ich Gott zu, dass er so wunderbar und groß und weit ist, dass er seiner Kirche vielleicht sogar mehr als nur ein Geschenk machen möchte?

Traue ich Gott zu, dass er seine Kirche in dieser Zeit mit Kraft dazu ermutigt, auch das Geschenk verheirateter Priester anzunehmen, um noch mal ganz andere Facetten des Priestertums aufleuchten zu lassen?

Traue ich Gott zu, dass er seine Kirche in dieser Zeit mit Kraft dazu ermutigt, auch das Geschenk des Frauenpriestertums anzunehmen, um in ihr Facetten aufleuchten zu lassen, die bisher schlichtweg fehlen?

Traue ich Gott zu, dass er uns dazu ermutigt – vielleicht sogar von uns erwartet –, dass wir damit aufhören, die Eignung zu diesem Dienst übers »freiwillige« Singletum, über Geschlechtsteile und Chromosomen zu definieren, und stattdessen darüber nachdenken und reden, ob *er* entscheiden möchte, wen er beruft – und sich dabei nicht von uns einschränken lassen möchte?

Traue ich Gott zu, dass er gar nicht so kleinkariert und eng und eingefahren und schwarz-weiß denkt, wie wir es tun?

Hmmm. Ich glaube ...

Ja. Ich trau's ihm zu.

Aufsatteln und festhalten

Lust auf einen Ritt durch 2000 Jahre Kirchen- und Zölibatsgeschichte? Dann bitte aufsatteln und festhalten. Los geht's.

Die Story beginnt mit Jesus. Einem knapp 30 Jahre jungen Wanderprediger im Nahen Osten. Er zieht durch die Gegend, erzählt vom »Reich Gottes« und verschafft sich damit in kürzester Zeit einen ziemlich durchwachsenen Ruf. Die einen finden ihn super, weil er auf gesellschaftliche Konventionen und religiöse Erbsenzählerei pfeift. Die anderen würden ihn genau deswegen am liebsten in die Wüste schicken. Doch dieser nervige »Fresser und Säufer« lässt sich nicht beirren und zieht sein Programm knallhart durch. Sie nennen ihn so, weil er die meiste Zeit damit verbringt, sich von allerlei Gesocks einladen zu lassen. Er hockt dann in oder vor den Häusern der Armen, der Zöllner und Huren – Jesus isst und trinkt mit ihnen und erzählt dabei seine Geschichten von Gott. Sein Freundes- und Bekanntenkreis ist vielen Beobachtern äußerst verdächtig: eine Mischung aus zwielichtigen Gestalten, ultrafrommen Typen, Gebildeten und Ungebildeten, Frauen und Männern.

Dieser Jesus scheint die Latte der Ansprüche an den Kreis seiner Nachfolger*innen und Jünger*innen ziemlich tief anzulegen. Selbst der engste Freundeskreis ist ein bunt gemischtes Sammelsurium mehr oder weniger tragischer Gestalten. Man wird sie später die Apostel nennen und in den Büchern, die über ihn geschrieben werden, die Apostelinnen weitgehend und ziemlich durchsichtig unter den Tisch fallen lassen.

Bei einem der vielen Gespräche, die Jesus führt, wird er gefragt, wie er über das Thema »Scheidung« denkt. Damals war es üblich, dass Männer ihre Frauen mal eben so »aus der Ehe entlassen« konnten, aus welchen Gründen auch immer. Für die Männer war das äußerst praktisch, für die Frauen eine Katastrophe, denn sie standen danach völlig mittel- und obdachlos ohne jegliche Ansprüche auf der Straße – und wurden schief angeschaut. Denn wenn ein Mann eine Frau »entließ«, dann war garantiert sie allein schuld an der Misere. Dieses Flittchen …

Jesus findet diesen Umgang mit dem weiblichen Geschlecht offensichtlich mehr als fragwürdig und sagt: »Wer seine Frau entlässt, obwohl kein Fall von Unzucht vorliegt, und eine andere heiratet, der begeht Ehebruch.« (*Mt* 19, 9) Frei übersetzt: »Leute, habt ihr noch alle Tassen im Schrank? Ihr könnt doch nicht einfach so eure Frau vor die Tür setzen und euch nach Lust und Laune eine andere zulegen – bloß, weil euch die Nase der bisherigen Lebensgefährtin nicht mehr passt …«

Treppenwitz der Kirchengeschichte: Aus dieser Äußerung Jesu werden die Theologen später das Konstrukt von der Unauflöslichkeit der Ehe basteln, welches in letzter Konsequenz dazu führt, dass Frauen oder Männer, die von ihren Partner*innen verlassen wurden, nicht mehr erneut heiraten dürfen. Und das gilt lebenslang! Wieder werden die »Verlassenen« bestraft – ganz im Gegensatz zur Intention Jesu ...

Die Jünger bleiben an dem Tag, als Jesus zornig über die bestehenden Regeln spricht, an einem anderen Punkt hängen: »Wenn wir unsere Frauen also nicht mehr so einfach aus der Ehe entlassen können – wäre es dann nicht besser, ganz aufs Heiraten zu verzichten?«

Hmmm ... Diesen Gedankengang solltet ihr euch mal auf der Zunge zergehen lassen: Offensichtlich geht es den Jüngern, dem engsten Freundeskreis Jesu, in diesem Moment kein bisschen um die Frauen – sondern allein um die sehr bequeme Möglichkeit für die »Herren der Schöpfung«, ihre Frauen mal eben abzuschießen und sich eine Neue anzulachen ... Wen wundert's, dass Jesus da leicht verschnupft reagiert:

»Jesus sagte zu ihnen: Nicht alle können dieses Wort erfassen, sondern nur die, denen es gegeben ist. Denn manche sind von Geburt an zur Ehe unfähig, manche sind von den Menschen dazu gemacht und manche haben sich selbst dazu gemacht – um des Himmelreiches willen. Wer es erfassen kann, der erfasse es.« (*Mt* 19, 11 f.)

Nächster Treppenwitz: Auf dieser Äußerung Jesu werden die Theologen später das Konstrukt des Zölibats aufbauen. Und behaupten, dass es besser sei, Jesus »ehelos« nachzufolgen. Eine Bestärkung ihrer Argumentation finden sie dann darin, dass Jesus selbst scheinbar auch ehelos lebte ...

Anfangs bleibt der Zölibat eher eine Randnotiz: Manche der Apostel sind verheiratet, darunter auch der erste Papst – Petrus, der Fels –, andere leben zölibatär.

Der Apostel Paulus zählt sich selbst eher zu den Befürwortern der Ehelosigkeit. Da er und die ersten Christ*innen fest an das nahe Ende der Welt glauben, sieht er einfach keinen Sinn mehr darin, sich mit solchen komplizierten Dingen wie der Ehe zu beschäftigen: »Lebt lieber ohne Verpflichtungen gegenüber einem Partner/einer Partnerin – dann könnt ihr euch besser auf die Wiederkunft Jesu vorbereiten.« Und wenn einer – zum Beispiel ein Bischof – schon eine Frau hat (dumm gelaufen), soll er sich wenigstens auf diese eine beschränken. Sich nicht mit mehreren Frauen belasten. Und bitte gut für die Kinder sorgen. (*1 Tim* 3, 1–5)

Die nächsten Jahrhunderte geht es so weiter: Manche Bischöfe und Priester sind verheiratet, andere leben zölibatär. Die Meinungen, ob das eine besser sei als das andere, gehen auseinander. Verschiedene Synoden und Konzilien versuchen »Ordnung« in das Ganze hineinzubringen. So beschließt man in der Synode von Elvira (ca. 306), dass Priester, Bischöfe und Diakone sexuell enthaltsam leben sollen. Das Konzil von Toledo (400) verbietet die Drittehe, Papst Gelasius (ca. 495) auch die Zweitehe. Es geht hin und her, bis Papst Benedikt VIII. es im Jahr 1022 den Klerikern verbietet, überhaupt zu heiraten. Trotzdem heiraten Priester bis zum Zweiten Laterankonzil (1139) munter weiter. Erst ab diesem Zeitpunkt gilt die Ehe als »Weihehindernis« – welches mehr oder weniger erfolgreich umgesetzt wird. So ist es in der Renaissance (15. und 16. Jahrhundert) durchaus üblich, dass Kleriker, Bischöfe und sogar Päpste mit Konkubinen (Plural!) zusammenleben.

In der Folgezeit verfestigt sich der Zölibat – auf dem Papier, in der Theologie, in der Sexuallehre der Kirche. Lange Zeit gilt er als »ideale Lebensform zur Nachfolge Jesu«. Doch es gab Ausnahmen. In den Ostkirchen ist der Zölibat bis heute ausschließlich für Ordensleute und Bischöfe verpflichtend vorgesehen. Klerikern, die konvertieren (z. B. von den protestantischen oder anglikanischen Kirchen), wird gestattet, weiterhin verheiratet zu sein. Dazu kommen die »unausgesprochenen Ausnahmen«, die gerne verschwiegen werden: In vielen Ländern der Welt sind Priester, die konsequent zölibatär leben, eine Minderheit.

Was bleibt am Ende für mich als Erkenntnis übrig?

Ein Konstrukt, welches sich »stets bemüht« auf eine Aussage Jesu stützt, die in einem völlig anderen Kontext zustande kam. Die durchaus bedenkenswerte Idee, ein ungebundener Priester habe mehr Zeit und Energie, sich um seine Arbeit zu kümmern. Das philosophische und religiöse Ideal der kultischen Reinheit, welches jedoch nur dann schlüssig trägt, wenn man Sexualität als etwas Anrüchiges, Schmutziges definiert.

In der Praxis ist der Zölibat Fluch und Segen zugleich.

Ein Segen überall dort, wo sich Menschen aus voller Freiheit dafür entscheiden, alleine zu bleiben und ungebunden ihren Weg als Christ*innen zu gehen. Diese aus voller Freiheit gewählte Lebensform gilt es zu unterstützen und zu stärken. Sie ist – so denke ich – ein unglaublich schönes und starkes Zeugnis. Wie wunderbar, wenn Menschen glaubhaft von sich sagen können: »Meine Gottesbeziehung trägt mich durchs Leben. Gott allein genügt. Mein Leben erfüllt mich voll und ganz – so, wie es ist –, auch ohne Partner*in.«

Ein Fluch dagegen ist der Zölibat überall dort, wo Menschen ihn unfreiwillig leben: Weil sie keine*n Partner*in gefunden haben. Weil ihre Beziehung zerbrochen ist. Weil die Partner*innen gestorben sind. Oder: Weil sie sich mit großen Vorbehalten zum zölibatären Leben verpflichten lassen, um ihrer Berufung – zum Beispiel als Priester – zu folgen.

Noch heute ist es durchaus üblich zu behaupten, der Zölibat der Priester sei kein »Pflichtzölibat«. Man habe sich ja frei entscheiden können, ob man diesen Weg gehe oder nicht. Doch egal, wie oft man es leugnet – es wird dadurch nicht »wahrer«: Die Kopplung des Zölibats an die Priesterweihe ist und bleibt ein Pflichtzölibat.

Manche Priester schaffen es, den Zölibat auf eine gesunde Weise in ihr Leben zu integrieren. Viele jedoch sind diesen Schritt mit großen Vorbehalten gegangen, weil die Sehnsucht und die Berufung zum Priestersein groß und da waren. Und nicht wenige vereinsamen auf ihrem Weg. Andere werden psychisch oder körperlich krank. Ich kenne einige Priester, die Alkoholiker geworden sind – andere suchen ihr Heil in Ersatzsüchten. Und nicht wenige leben damit, dass Anspruch und Wirklichkeit für sie nicht recht zusammenpassen – vor allem auch nicht mit der Frohen Botschaft. Weil sie nicht froh sind und es auch nicht werden – weil sie sich einsam und verlassen fühlen.

Wäre es nicht heilsam, all diesen Druck zu reduzieren und die angespannte Situation zu entschärfen? Dies kann gelingen, indem man damit anfängt, die komplexe, schwierige und mit vielen Verletzungen und Verwirrungen behaftete Geschichte des Zölibats für einen Moment zur Seite zu legen und »zurück auf Anfang« zu gehen.

Schaut euch die ersten Jünger*innen an: Manche von ihnen waren Singles, andere freiwillig zölibatär lebend, wieder andere verheiratet. Petrus, der erste Papst, der Fels, auf den sich die Kirche beruft – war einer der verheirateten Apostel. Die Frage des Zölibats war damals schlichtweg kein Thema. Weil's wichtigere Dinge zu tun gab.

Könnte es nicht sein, dass es auch heute wichtigere Dinge gibt? Dass es zum Beispiel wichtiger ist, dafür zu sorgen, dass jene, die sich als Seelsorger*innen mit Kopf und Herz für unsere Kirche engagieren, dabei Glück und Erfüllung finden?

Manche Christ*innen leben freiwillig und gerne zölibatär – andere leben freiwillig und gerne in einer Partnerschaft. Welch ein großartiger Schatz für die Kirche. Lasst ihn uns endlich heben!

Bist Du noch da?

Ein Brief an die Kirche, von Stefan Weigand

Liebe Kirche,

eigentlich ist es eine gute Gepflogenheit, einen Brief mit einer wohlwollenden Floskel zu beginnen. Also so etwas wie »ich freue mich sehr, von Ihnen zu hören« oder »es ist einfach gut, dass es Dich gibt«. Aber jetzt hier? Mir fällt auf die Schnelle nichts ein. Vielleicht liegt das daran, dass ich gar nicht weiß, welchen Beziehungsstatus wir gerade haben. Du, als Kirche. Und ich als Mensch Anfang 40, mit Kindern und mitten im Job. Aber so eine Unschlüssigkeit sagt ja auch viel aus.

Du weißt, wir waren mal echt gute Freunde. Ich war zwar nie Ministrant, aber trotzdem als Kind jeden Sonntag im Gottesdienst. Sogar noch als Jugendlicher. Dann wollte ich mehr wissen und habe Theologie studiert – Kirchengeschichte, Bibelwissenschaften, Liturgie und all die anderen Fächer, die so viele Schlaglichter auf Dich werfen. Und ich hatte wichtige Begegnungen und Gespräche, die es nur gab, weil Du starke Menschen in Deinen Reihen hattest. Dafür bin ich Dir heute noch dankbar.

Aber wie das so ist, mit der Zeit verändern sich die Dinge. Und die Menschen. Bin ich zu anspruchsvoll geworden?

Es ist gar nicht so leicht, sich mitten in der Dauerturbulenz des Lebens nicht aus den Augen zu verlieren.

»Papa, wann reparierst du endlich mein Fahrrad?«

»Okay, Sonntag früh.« Wann sonst?

Damit ist wieder ein Sonntagsgottesdienst verschoben. Die Menschen um mich herum brauchen eben auch ihre Aufmerksamkeit.

Wenn ich mich dann doch auf den Weg in den Gottesdienst mache, gebe ich mir echt Mühe, der Predigt zu folgen – bis ich kapituliere. So viel gibt es darin gar nicht, dem man folgen kann oder das man mitnehmen möchte. »Na ja, wenigstens muss man sich nicht aufregen«, höre ich mich dann sagen.

Ich weiß nicht, ob Funkstille ein zu hartes Wort ist. Aber mir fällt gerade kein besseres dafür ein, dass wir uns gerade nicht allzu viel zu sagen haben. Soll das wirklich so weitergehen?

»Na ja, wenigstens muss man sich nicht aufregen« – der Satz hallt nach. Und ich merke, dass er mich selbst aufregt. Und zwar nicht wegen mir – sondern wegen Dir. Es kann doch nicht sein, dass Du Dich so gehen lässt. Dass man mittelmäßige Gottesdienste schulterzuckend hinnimmt. Dass sich die verkrüppelten Gummibäume im Pfarrzentrum zur ästhetischen Normalität etablieren. Dass Du meinst, Du müsstest mit Deinem Segen geizen und ihn nicht für alle Liebenden aussprechen. Dass Bischöfe im Blick auf die horrend hohen Kirchenaustrittszahlen nur noch »Was soll man schon tun?« als Kehrvers Ihrer Klagelitaneien aufsagen.

Dabei steckt doch so viel Freude an Wachstum und am Besseren in Dir. Die Bibel erzählt von Senfbäumen, die aus kleinsten Samenkörnern in den Himmel wachsen. Ignatius von Loyola bringt den Gedanken des »Magis« ins Spiel: Sich weiterzuentwickeln, ist ein ganz spirituelles Thema. Und Aufgabe.

Einfach so abtauchen, weg von der Bildfläche? Jesus hat sich ja auch nicht im Grab verkrochen. Sondern ist wieder raus zu den Menschen. Er läuft an der Seite von zwei Jüngern nach Emmaus, stellt sich dem ungläubigen Thomas und hängt am Lagerfeuer des Petrus herum. Das will ich auch wieder! Dass wir wieder Gefährten werden. Über Lebensthemen sprechen und uns gegenseitig guttun. Den ersten Schritt habe ich jetzt gemacht. Und ich frage Dich einfach so: Kann es noch was werden mit uns? Hast Du Lust?[2]

Mehr als fromme Soße?

Ein Brief an eine Kirche, die so viel zu bieten hätte – die stattdessen mit Mittelmäßigkeit einfach nur langweilt.
   Danke, Stefan, für deine Gedanken. Deine Frage gilt sicher nicht nur »denen da oben«, sondern auch uns – in den Pfarreien und Gemeinden. Haben wir mehr zu bieten als »fromme Soße, der das Salz fehlt«?
   Eine Frage, die mich Tag für Tag begleitet ...

»Ja klar!«, möchte ich rufen. Doch ich werde leise, wenn ich auf die Realität schaue, in der wir vor allem tote Steine und Gebäude verwalten und uns oft damit begnügen, nette Gottesdienste und ab und an mal ein Fest zu feiern. Da muss doch mehr gehen ...

Die Hirtin

Ich bin der gute Hirt.
Der gute Hirt gibt sein Leben hin für die Schafe.
Der bezahlte Knecht aber,
der nicht Hirt ist und dem die Schafe nicht gehören,
sieht den Wolf kommen,
lässt die Schafe im Stich und flieht;
und der Wolf reißt sie und zerstreut sie.

Er flieht, weil er nur ein bezahlter Knecht ist
und ihm an den Schafen nichts liegt.
Ich bin der gute Hirt;
ich kenne die Meinen
und die Meinen kennen mich,
wie mich der Vater kennt
und ich den Vater kenne;
und ich gebe mein Leben hin für die Schafe.

Ich habe noch andere Schafe,
die nicht aus diesem Stall sind;
auch sie muss ich führen
und sie werden auf meine Stimme hören;
dann wird es nur eine Herde geben und einen Hirten.

Deshalb liebt mich der Vater,
weil ich mein Leben hingebe, um es wieder zu nehmen.
Niemand entreißt es mir,
sondern ich gebe es von mir aus hin.
Ich habe Macht, es hinzugeben,
und ich habe Macht, es wieder zu nehmen.
Diesen Auftrag habe ich von meinem Vater empfangen.

Joh 10, 11-18

Hier um die Ecke – in Falkenstein – gibt es zwei Schafherden, die ich auf meinen Wanderungen gerne besuche. Die Schafe haben dort eine große umzäunte Wiese, auf der sie einen Teil des Jahres verbringen. Es gibt auf der Weide einen kleinen Unterstand und ein paar Quadratmeter, die mit Stroh ausgelegt sind – sozusagen die Homebase zum Chillen und Entspannen.

Die meiste Zeit sind die Schafe unter sich – ein Hirte ist nur gelegentlich anwesend, wenn ich vorbeikomme. Die Tiere sind sogar im Winter draußen. Letztes Jahr haben sie im Schnee kleine Lämmchen zur Welt gebracht und sie großgezogen. Ansonsten machen die Tiere das, was Schafe halt so machen: fressen, trinken, spielen, die Gegend erkunden, Wanderer wie mich beobachten und schlafen. Das können die alles ganz prima alleine. Die Schafe brauchen keinen Hirten, der die ganze Zeit um sie herumscharwenzelt und sie betütelt.

Ganz regelmäßig schaut die Hirtin aber doch vorbei, das weiß ich. Ein paarmal habe ich sie getroffen und gelegentlich haben wir uns auch ein wenig unterhalten. Es ist total schön zu beobachten: Die Schafe kommen zur Hirtin, sobald sie die Weide betritt, lassen sich von ihr kraulen und füttern und freuen sich sichtlich, dass sie da ist. Da ist so viel Vertrauen und Zuneigung! Bei ihrer Hirtin fühlen sich die Schafe sicher.

Apropos sicher: Auch in so einem Schafleben ist nicht immer alles eitel Sonnenschein: Letztes Jahr haben Wilderer mehrere Schafe gestohlen und getötet – auch so was passiert hin und wieder. Und bei meinen Spaziergängen habe ich auch Schafe gesehen, die auf dem Rücken gelegen haben. Sie hatten sich irgendwo verfangen, waren gestürzt und konnten sich von alleine nicht mehr aufrichten. Das ist für die Tiere gefährlich – Schafe können daran sogar sterben. Jede Hirtin und jeder Hirte freuen sich deshalb, wenn in so einem Moment ein Wanderer vorbeikommt, die Not erkennt und beherzt zugreift und das Schaf wieder auf die Beine bringt …

Wenn ich mir Gott als Hirtin vorstelle – dann denke ich an meine Falkensteiner Schafherde und verstehe das Gleichnis von Jesus so viel besser. Ich weiß jetzt, was Jesus meint, wenn er sagt, dass »seine Schafe seine Stimme hören« – weil ich mehrfach erlebt habe, wie sehr sich die Schafe freuen, wenn ihre Hirtin vorbeikommt. Weil ich in diesen Momenten ein wunderbares Grundvertrauen beobachte, kann ich mir auch vorstellen, wie es sich für die Hirtin anfühlt, wenn ihre Schafe leiden – oder ihnen etwas Schlimmeres zustößt.

Und ich habe auch verstanden, dass Jesus keineswegs das Bild eines Hirten zeichnen will, der seine Schafe rundum betütelt, als wären sie in einem Luxusresort.
Die Schafe sollen und müssen auch alleine zurechtkommen. Und das bei Wind und Wetter. Sie lernen als soziale

Wesen, indem sie unter sich sind und Erfahrungen sammeln.

So mag ich mir Gott vorstellen: die Hirtin, die sich um ihre Schafe sorgt – ihnen dabei aber Freiräume lässt. Die ihren Schafen Herausforderungen zumutet – und doch alles für sie tun würde, damit sie sicher sind. Die Hirtin, die manchmal auch drauf angewiesen ist, dass »Fremde« zur Hilfe eilen und beherzt eingreifen, wenn es nottut. Eine Hirtin, die auch noch »andere Schafe« zu hüten hat, die nicht aus ihrem eigenen Stall stammen – ihr aber genauso wichtig sind.

Welche Bilder helfen dir, um dir einen liebenden Gott vorzustellen?
    Wie ist Gott – für dich?

»Immer wieder diese Homos ...«
Kirche und die LGBTQ+-Community

Es ist wieder passiert.
 Ein Priester segnet ein schwules Paar.
 Die Presse berichtet.
 Teile der kirchlichen Verantwortungsträger, Bischöfe und Kardinäle verfallen in Schnappatmung.
 Sie befürchten den Untergang der Kirche.

»Dieser Ketzer.«
 »Beim Letzten Gericht wird er brennen.«
 »Der ist vom Glauben abgefallen.«
 »Der soll halt evangelisch werden.«
 Solche und andere Sätze bekommen diejenigen zu hören, die sich trauen, denen Segen zu spenden, die laut offizieller Lehrmeinung der Kirche keinen Segen bekommen dürfen.

Und diese Schwulen.
 Wir haben ja nichts gegen die.
 Aber sie leben nun mal objektiv in Sünde.
 Mehr noch: in Todsünde!
 So hat Gott das nicht gewollt.
 Und diese linksgrün vergiftete Gender-Homo-Propaganda ...

Wenn ich über all das nachdenke, merke ich, ich habe echt keine Lust mehr, diese Debatte zu führen und ständig – quasi ohne Aussicht auf Erfolg – auf naturwissenschaftliche Erkenntnisse zu verweisen. Die Naturwissenschaft sagt, dass Sexualität sowohl bei Tieren als auch beim Menschen nicht immer so einfach hetero ist, wie es sich die Schreiber der Bibel vorgestellt haben.

In diesem Zusammenhang habe ich auch keine Lust mehr, immer wieder darauf zu verweisen, dass selbst Papst Johannes Paul II. mehrmals deutlich gemacht hat, dass Glaube und Wissenschaft sich nicht widersprechen können. Dass die Theologie wissenschaftliche Erkenntnisse ernst nehmen und in den Glauben integrieren muss – auch, wenn er sich dadurch weiterentwickelt.

Es ist wichtig, daran zu erinnern, wie oft und in welchen grundlegenden Fragen die Kirche schon ihre Lehre geändert hat – auch wenn ich es schon derart oft getan habe, dass mir die Lust darauf, das Gleiche immer wieder zu wiederholen, längst vergangen ist.

Die Kirche hat ihre Lehrmeinung immer wieder geändert – nicht, weil sie, wie manche Konservative mahnen, linksgrün-versifft mit dem Zeitgeist schwimmt, sondern weil Gottes Geist *in* der Zeit wirkt, um uns immer näher an ihn ranzubringen.

Boah, denke ich mir manchmal: Es ist so peinlich, dass es ein guter Teil der Kirche scheinbar nicht schafft, mal an etwas anderes zu denken als an Sex und an Geschlechtsorgane.

So peinlich, dass ein guter Teil der Kirche immer noch eines der größten und schönsten Geschenke Gottes – nämlich die Sexualität – als etwas Schmutziges, Unreines und Gefährliches hinstellt.

So peinlich, dass meine Kirche Menschen, die sich aufrichtig lieben und ihr Leben und ihre Beziehung mit Gott leben wollen, ausgrenzt und an den Pranger stellt.

Es gibt Menschen, die sind hetero. Super!
Es gibt Menschen, die sind schwul, lesbisch, trans ... Super!
Menschen wählen sich ihre Sexualität nicht nach Lust und Laune aus.
Und viele Menschen gehen einen langen, harten Weg auf der Suche nach ihrer sexuellen Identität.

Ich glaube daran, dass Gott diese Menschen begleitet. Dass er ihnen wünscht, dass sie diesen essenziellen Teil ihrer Identität als sinnerfüllt und sinnstiftend erfahren und ausleben können. Ich glaube daran, weil genau *das* das Herz der Frohen Botschaft ist: Leben in Fülle! Dazu gehört auch Sexualität. Nein, sie ist nicht schmutzig, sondern wunderbar – weil gottgeschenkt. Sie ist gesegnet.

Für manche Menschen ist ihre Sexualität leider mehr ein Fluch als ein Segen. Meistens liegt das nicht an ihnen selbst, sondern an ihrem Umfeld. Daran, dass ihre sexuelle Prägung von anderen als ein Art Defekt gesehen wird – weil sie in deren Augen »unnormal« ist. Menschen werden wegen der Abweichung von der vermeintlichen »Norm« abgewertet, ausgegrenzt und an manchen Orten der Welt sogar bestraft, geschlagen und ermordet. Einfach, weil sie »anders« sind. Und wir – wir machen als Kirche an vielen Stellen mit.
Beispielsweise wenn der Vatikan in einem Sendschreiben aus dem Jahr 2021 verlautbart, dass homosexuelle Beziehungen keinen Segen bekommen können.

Wie groß wäre es, wenn die Kirche ihre Stimme erheben und allen Menschen – egal, welche sexuelle Orientierung sie haben – laut und deutlich sagen würde: Ihr seid gut, so wie ihr seid! Eure sexuelle Identität ist ein Geschenk Gottes. Erkundet es, genießt es, freut euch dran. Wir sind für euch da, unsere Arme sind weit für euch geöffnet. Ihr sollt ein Segen sein. Wir segnen euch.

Stattdessen gibt es keinen Segen. Und wenn doch, nur ganz verschämt und heimlich hinter verschlossenen Türen. Denn wer solche Menschen entgegen der Anweisung aus dem Vatikan segnet, muss sich verteidigen. Er muss sich rechtfertigen und erklären, dass er (oder sie) alles getan hat, damit der Segen auch nicht im Entferntesten an eine Eheschließung erinnern könnte.

Wir verraten die Frohe Botschaft, wenn wir Menschen den Segen, den Gott schon längst gegeben hat, verweigern.
Und wir verletzen Menschen, indem wir ihnen zwar sagen »Du bist schon okay, wir haben nichts gegen dich« – sie aber gleichzeitig deutlich spüren lassen, dass das eine Lüge ist. Weil wir so tun, als könnten wir die Sexualität eines Menschen von seinem Wesen getrennt beurteilen …

Das ist natürlich völliger Unsinn!
Sexualität ist ein wesentlicher Teil der menschlichen Identität und unseres Lebens.

Mein Vorschlag: Wie wäre es, wenn die Verantwortlichen in der katholischen Kirche einfach einmal ein Jahr lang zum Thema Sex(ualität) die Klappe halten würden?
Oder – noch besser: Wenn sie sich vornehmen würden,

einfach einmal mindestens ein Jahr lang nur Positives über Sex(ualität) zu sagen? Ein Jahr lang Brücken bauen statt Mauern hochziehen.

Denn wer hat's erfunden? Wer hat die Sexualität geschaffen?
 Gott himself!
 Merkste selbst, ne?!

Liebe gewinnt

Gott hockt auf seiner Gartenbank.
    Schlürft einen kühlen Deidesheimer Herrgottsacker.
    Riesling trocken.
    Und denkt sich so: *Jetzt bin ich mal gespannt, was die daraus machen ...*

Sein Gesichtsausdruck ist schwer zu deuten.
Ein verschmitztes Lächeln, aber auch ein paar Sorgenfalten sind auf seiner Stirn zu erkennen.
In seinen Augen blitzen neugierige Erwartung, Freude und etwas Anspannung.

Der Regenbogen.
Ob die Menschen wohl verstehen, wie viel Denkstoff ich ihnen damit auf den Weg mitgebe?
Er nippt an seinem Wein ...

Als ich damals das Licht geschaffen habe, denkt er so bei sich,
war das mit den Farben 'ne echt coole Idee.
Weißes, helles, strahlendes Licht gibt's nur,
wenn alle Farben zusammenkommen.
Und dort, wo keine Farben sind, wird's dunkel.

Nur so zum Spaß lässt er es regnen
und schickt gleich drauf die Sonne durch die Wolken.
    Ein Regenbogen – wie cool ist das denn?!

Gott schweigt einen Moment und genießt das Schauspiel:
das Licht, das sich in unzählige Facetten auffächert
und in allen Farben
als Bogen über der Erde strahlt.

So soll meine Erde sein: strahlend, hell, bunt.
So soll die Menschheit sein:
Sie sollen leuchten in allen Facetten und Farben.

Ob Noah und seine Nachkommen das verstehen werden?
Dass ich die Welt voller Farben, Facetten und mit vielen Dimensionen geschaffen habe?

Ob Noah und seine Nachkommen das verstehen werden?
Dass mein Bund *allen* Menschen gilt!
Allen meinen Kindern!
Menschen, die ich so geschaffen habe, wie sie sind:
unendlich vielschichtig. Bunt.
Voller Farben. Voller Licht.
Gut.

Gott nimmt einen großen Schluck aus dem Weinglas.
Hach – seufzt er –, ich befürchte,
manche von ihnen wird das ein bisschen überfordern.
Manche fänden es sicher besser, ich hätte die Welt in schwarzweiß geschaffen.
Dann wär's für einige vielleicht einfacher, wenn's nicht so viele Schattierungen und Nuancen zu beachten gäbe.

Na ja. Da muss die Menschheit wohl durch.
Vielleicht versteht sie ja irgendwann …
… dass Liebe bunt ist!
So bunt, wie mein Regenbogen.
So bunt – wie ich.

Gott lehnt sich zurück und lächelt.
    Sie nimmt einen letzten Schluck aus ihrem Weinglas.
    Schnalzt mit der Zunge.
    Und sie genießt.
    Und sie liebt.

Eine Strafe Gottes?

Mir fehlen die Worte. Es gibt tatsächlich Priester, die predigen, die Initiative *#liebegewinnt* sei der Grund für die Hochwasserkatastrophen dieser Tage. Eine Strafe Gottes, die Priester wie ich durch die Segnung von Liebenden heraufbeschworen haben.

Den Link zur entsprechenden Predigt bei gloria.tv gebe ich hier nicht an.
    Denn es ist nicht sinnvoll, sich so etwas Schräges und Menschenverachtendes anzusehen.

Mir fallen tausend Dinge ein, die ich dazu gerne sagen würde. Ich ziehe es jedoch vor, an dieser Stelle lieber zu schweigen und den Kopf zu schütteln …

Nachtrag: Doch, eine Sache mag ich sagen.
    An so einen grausamen Gott könnte und wollte ich niemals glauben.

25. Juni 2021

Die ganze Botschaft in einem Satz …

Kurz vor seinem Tod am Kreuz ist Jesus mit seinen Jünger*innen zusammen, um sich von ihnen zu verabschieden. In dieser Situation versucht er, seine ganze Botschaft noch einmal zusammenzufassen. Die pure Essenz – der reine Geschmack – das Allerwichtigste; zusammengefasst in einem zentralen Satz: Das ist mein Gebot, dass ihr einander liebt, so wie ich euch geliebt habe. (Joh 15, 12)

»Liebe und tu, was du willst« – mit diesen Worten hat der hl. Augustinus das wichtigste Gebot einmal zusammengefasst.
    Wer so lebt und liebt – ist auf dem richtigen Weg.

Richtig, lieber Mitbruder Georg

Frühjahr 2021: Nach einer Verlautbarung der Glaubenskongregation aus Rom melden sich Seelsorger*innen im deutschsprachigen Raum zu Wort. In der Verlautbarung heißt es mit Blick auf Menschen, die in einer nicht-heterosexuellen Beziehung zusammenleben, sinngemäß: »Die Kirche kann die Sünde nicht segnen.«

»Klar«, sagen die Seelsorger*innen. »Deshalb segnen wir keine Sünde – wozu auch? Aber Menschen, die sich aufrichtig lieben – die sind von Gott schon längst gesegnet!«

Es entsteht die Aktion *#liebegewinnt*: Am 10. Mai finden an über 100 Orten in Deutschland und darüber hinaus Segensgottesdienste für Liebende statt, um genau das deutlich zu machen.

Bischof Georg Bätzing, der Vorsitzende der Deutschen Bischofskonferenz, reagiert darauf mit der Aussage, Segnungsgottesdienste seien keine Instrumente für kirchenpolitische Protestaktionen.[3]

Richtig, lieber Mitbruder Georg. Segensfeiern sind keine Instrumente für kirchenpolitische Protestaktionen. Sie sind und waren schon immer Instrumente der Liebe Gottes, der sich mit seinem Segen uns Menschen zuwendet. Besonders jenen, die benachteiligt, an den Rand gestellt oder nicht gesehen werden.

Umgekehrt kann die Verweigerung von Segen sehr wohl ein politisches Instrument sein. Eines, das tiefe Verletzungen verursachen kann.

Wir Christ*innen haben den überaus deutlichen Auftrag, ein Segen für die Welt zu sein. Nun habe ich zwar keinerlei Angst vor Gott – aber einen gesunden Respekt vor seiner Gerechtigkeit. Deshalb mag ich am Ende lieber als ein Mensch vor ihm stehen, der dabei so freigiebig war wie nur möglich – als einer, der aus Angst vor Fehlern mit Segen gegeizt hat.

Und schließlich: Mit den Segensfeiern für Menschen, die in homosexuellen Beziehungen und mit anderen sexuellen Orientierungen leben, haben wir etwas sichtbar gemacht, was unzählige Seelsorger*innen weltweit aus Angst vor Repressionen im Verborgenen tun: Wir schenken den Segen Gottes an Menschen, die sich lieben und in verlässlichen und treuen Beziehungen miteinander unterwegs sind. Menschen, denen der Segen von der »offiziellen« Kirche nach wie vor verweigert wird.

Wir tun das als einen Liebesdienst für diese Menschen. Auch für unsere Kirche, die in diesem und vielen anderen Bereichen in der Wahrnehmung so vieler Menschen nicht gerade Lorbeeren sammelt …

Das als »Protestaktion« zu bezeichnen, ist fahrlässig – mehr noch: Es schmeckt nach einer bewusst gesetzten Diffamierung. Und es offenbart einmal mehr, wie Macht in der Kirche »genutzt« wird … Wie schade.

Lieber Mitbruder Georg, liebe Bischöfe – liebe alle: Lasst uns ein Segen sein. Denn dazu sind wir berufen.

SEX!

Okay, da ich nun deine Aufmerksamkeit habe, hier ein etwas längerer Text, in dem es auch darum geht. Und um sehr viel mehr. Danke.

Wir haben da ein Buch.
   Nicht irgendein Buch.
   Das Buch.

Im ersten Teil dieses Buches wird die Geschichte eines kleinen Volkes erzählt, das über lange Zeiträume in seiner Existenz bedroht war. So sehr, dass jedes Paar, das Kinder zur Welt brachte, ein Segen für dieses Volk war. Sexualität hatte deshalb eine dermaßen starke Bedeutung, dass all jene Formen als verboten galten, die nicht zu einer geordneten Fortpflanzung führten. Weil es ums nackte Überleben der Gemeinschaft ging, konnte dies aus der Sicht jenes Volkes die einzige umsetzbare Option sein. Und damit Gottes Wille.

In diesem Buch wird auch beschrieben, wie damals Menschen durch sexuelle Gewalt erniedrigt wurden. Auch jenes kleine Volk Israel sah sich immer wieder mit solchen Angriffen konfrontiert. Verwundert und angewidert war es zudem wegen der Beobachtung, dass es in manchen fremden Kulturen seiner

Zeit üblich war, aus kultischen Zwecken mit (meist männlichen) Kindern und Jugendlichen zu verkehren. Ganz klare Notiz im Buch: Das kann nicht Gottes Wille sein! (*Genesis*)

Auch der zweite Teil des Buches beschreibt immer wieder den gesellschaftlichen Kontext seiner Zeit. An wenigen Stellen wird deutlich, dass die griechische Antike eine durch und durch sexualisierte Zeit war. Kaum einer fand es anstößig, dass die wohlhabende Oberschicht sich gerne »Lustknaben« als Sklaven hielt, um sich an diesen zu »vergnügen«. Paulus, einer der Autoren jenes Buches, fand es widerlich. Widerwärtig, unnatürlich – denn er hatte ein anderes Bild von Beziehung und von Sexualität. Von Liebe. Darüber schrieb er. (Brief des Paulus an die Gemeinde in Rom; »*Römerbrief*«)

Was bleibt?
Wenn ich heute dieses alte Buch lese, kann ich es nur dann richtig verstehen, wenn ich all diese Hintergründe kenne. Wüsste ich nichts von ihnen, könnte ich seine Geschichten und Anliegen missverstehen. Würde ich einzelne Aussagen oder Passagen aus ihrem Kontext reißen und diesen unter Umständen sogar bewusst verschweigen, würde ich das Buch nicht ernst nehmen. Es wäre schlichtweg unredlich und missbräuchlich.

Jenes Buch, die Bibel, verurteilt an manchen Stellen bestimmte Formen von Sexualität, die unter den Vorzeichen von Gewalt und Erniedrigung stehen – und die meist anhand sexueller Handlungen unter Männern illustriert werden. Außerdem verurteilt es sexuelle Handlungen, welche das Gegenüber zum reinen Objekt der eigenen Lustbefriedigung machen. Weil hier die Beziehungskomponente ausgeblendet wird bzw. in eine Schräglage gerät.

Diese Message klingt in meinen Ohren auch heute noch »gut«. Und richtig. Dahinter kann ich stehen.

Was bleibt außerdem?

Die wichtige Erkenntnis: Den Autoren dieses Buches war das Konzept homosexueller Beziehungen, die auf Treue, Verlässlichkeit, gegenseitiger Liebe und Respekt basieren, schlichtweg unbekannt. Deshalb schreiben sie nichts darüber. Kein einziges Wort! Darum kann man aus meiner Sicht die Bibel nicht als Argumentationshilfe gegen ebensolche Beziehungen nutzen.

Indem man den Kontext ausblendet, machen dies manche trotzdem und behaupten, dass die Bibel Homosexualität per se ablehnt und als Sünde bezeichnet. Damit wird die Bibel – so sehe ich es – missbraucht.

Man kann die Bibel durchaus und sehr gut dazu nutzen, um zu beschreiben, wie gelingende Beziehungen aussehen können. Das gilt dann allerdings nicht nur für heterosexuelle, sondern auch für homosexuelle Beziehungen. Und darüber hinaus für alle möglichen Beziehungen zwischen Menschen, die sich zusammenschließen, um an einer gerechteren Welt mitzubauen. Und damit zum Segen werden ...

#contextmatters
#bibel
#beziehung
#sex
#sexualität
#mutwilligsegnen

Angst. Mut.

angst. Angst. ANGST.

angst, dass sich etwas ändern könnte in der Kirche, mit ihren so wunderbar bewährten Strukturen ...
... und gleichzeitig verdrängen, dass genau diese Strukturen immer brüchiger werden und kaum noch tragen.

Angst, dass die Kirche den alten Glanz verlieren könnte, wenn da plötzlich verheiratete Männer oder gar Frauen im Namen Jesu Sakramente spenden würden ...
... und gleichzeitig verdrängen, dass Gott sein Wirken niemals vom Stand oder Geschlecht des Spenders abhängig macht.

ANGST, Menschen zu verlieren, die nicht bereit sind, weiterhin mitzugehen ...
... und gleichzeitig verdrängen, dass diese Kirche in der Wahrnehmung vieler Menschen schon längst in der Bedeutungslosigkeit verschwunden ist.

mut. Mut. MUT.

mut, Strukturen so zu korrigieren, dass sie wieder wirksam werden und die Frohe Botschaft zum Leuchten bringen.

Mut, Menschen unabhängig von Stand und Geschlecht zu Werkzeugen Gottes werden zu lassen, damit *er* wirken kann.

MUT, vorwärtszugehen und Risiken zu wagen; darauf vertrauen, dass Gott an der Seite jener ist, die sich auf den Weg machen und suchen.

Achterbahn

Von ganz unten geht es im Schneckentempo nach oben.

Dort der Schreck; denn du siehst plötzlich, wie hoch oben du bist und wie steil es bergauf und bergab geht. Ein Moment, in dem die Zeit stillsteht.

Dann gibt es einen Ruck – und mit einer unglaublichen Beschleunigung geht es volle Fahrt voraus. Durch Loopings und enge Kurven; immer weiter. Bis du am Ziel ankommst und aussteigst. Auf wackligen Beinen stehst du da und musst erst mal tief durchatmen.

Ungefähr so stelle ich mir die Achterbahn der Gefühle vor, welche die beiden Marias und Salome an jenem Morgen durchmachen.

Erschüttert und traurig schlurfen sie zum Grab.

Für die gerade aufgehende Sonne haben sie keinen Blick.

Die Seele ist nebelverhangen; über den Augen ein Tränenschleier.

Sie kommen an und sind geschockt: Das Grab ist aufgebrochen. Leer.

Bis auf diesen seltsamen jungen Mann, der ihnen einen Riesenschreck einjagt.

»Fürchtet euch nicht«, sagt er. »Er ist auferstanden! Er geht euch voraus nach Galiläa. Dort werdet ihr ihn sehen. Geht weiter. Erzählt's seinen Jüngerinnen und Jüngern.«

Der Blutdruck der Frauen schießt in die Höhe.

Aus Erschrecken und Fassungslosigkeit wird die innere Gewissheit, dass dieser Mann die Wahrheit sagt.

Was den Adrenalinspiegel keineswegs senkt. Im Gegenteil: Jetzt rasen die Herzen vor Freude. Sie springen, hüpfen, fahren Loopings, wechseln ihren Ton von Moll auf Dur.

Als der Sabbat vorüber war, kauften Maria aus Magdala, Maria, die Mutter des Jakobus, und Salome wohlriechende Öle, um damit zum Grab zu gehen und Jesus zu salben. Am ersten Tag der Woche kamen sie in aller Frühe zum Grab, als eben die Sonne aufging. Sie sagten zueinander: Wer könnte uns den Stein vom Eingang des Grabes wegwälzen? Doch als sie hinblickten, sahen sie, dass der Stein schon weggewälzt war; er war sehr groß.
Sie gingen in das Grab hinein und sahen auf der rechten Seite einen jungen Mann sitzen, der mit einem weißen Gewand bekleidet war; da erschraken sie sehr. Er aber sagte zu ihnen: Erschreckt nicht! Ihr sucht Jesus von Nazaret, den Gekreuzigten. Er ist auferstanden; er ist nicht hier. Seht, da ist die Stelle, wohin man ihn gelegt hat.
Nun aber geht und sagt seinen Jüngern und dem Petrus: Er geht euch voraus nach Galiläa; dort werdet ihr ihn sehen, wie er es euch gesagt hat.

Markus 16, 1–7

Was für eine Achterbahnfahrt!

Die drei hatten jede Hoffnung verloren. Ihre Träume aufgegeben und begraben.

Jetzt die Frohe Botschaft: »Jesus hat nicht nur alles für uns gegeben – sein Leben, seinen Leib, sein Blut –, er hat sogar den Tod besiegt. Den Tod!

Gottes Liebe ist stärker als der Tod! Halleluja!«

Und die Geschichte geht weiter …

Achterbahn!

In welchen Momenten deines Lebens sind deine Gefühle »Achterbahn gefahren«?

Gab es schon solche Situationen in deinem Leben, in denen du dachtest: »Das war's. Jetzt ist es vorbei.«? Momente, in denen du aus Traurigkeit und Ausweglosigkeit wieder nach »ganz oben« gekommen bist, zu Zuversicht und Hoffnung?

Glaubst du daran, dass Liebe eine solche Macht hat, dass sie sogar den Tod besiegen kann?

Welche Rolle spielt »Liebe« in deinem Leben?

Kommt Gott dabei vor?

Wie geht es dir – mit Blick auf dein Leben – jetzt und hier?

Wo stehst du?

Bist du voller Zuversicht und »Halleluja«?

Oder bräuchtest du dringend eine Frohe Botschaft, ein Zeichen Gottes?

Klare Ansage

Sie kamen nach Kafarnaum. Am folgenden Sabbat ging Jesus in die Synagoge und lehrte. Und die Menschen waren voll Staunen über seine Lehre; denn er lehrte sie wie einer, der Vollmacht hat, nicht wie die Schriftgelehrten.
In ihrer Synagoge war ein Mensch, der von einem unreinen Geist besessen war. Der begann zu schreien: Was haben wir mit dir zu tun, Jesus von Nazaret? Bist du gekommen, um uns ins Verderben zu stürzen? Ich weiß, wer du bist: der Heilige Gottes. Da drohte ihm Jesus: Schweig und verlass ihn! Der unreine Geist zerrte den Mann hin und her und verließ ihn mit lautem Geschrei. Da erschraken alle und einer fragte den andern: Was ist das? Eine neue Lehre mit Vollmacht: Sogar die unreinen Geister gehorchen seinem Befehl. Und sein Ruf verbreitete sich rasch im ganzen Gebiet von Galiläa.

Mk 1, 21–28

»Schweig und verlass ihn!«

Da redet einer mit Vollmacht. Da gibt's nichts zu diskutieren. Kein Rumgeeiere.

Der »unreine Geist« versucht sich noch als Opfer zu inszenieren, doch es nutzt nichts. Jesus weiß, was Sache ist. Er sieht, wie der »unreine Geist« den Menschen leiden lässt; wie er ihn runterzieht und sein Leben mehr und mehr zerstört.

Deshalb die klare Ansage: »Schweig und verlass ihn!«

»Unreine Geister« gibt es auch heute noch. Wir nennen sie nur nicht mehr so. Es sind die Dinge, die Menschen langsam, aber sicher zerstören. Gedankenwelten, die das Miteinander vergiften und vernichten. Jene Geister, die sich gerne als Opfer darstellen, um uns zunächst zu blenden und dann ihr Werk in Ruhe weiterführen zu können.

Die »unreinen Geister« stecken hinter menschenverachtenden Ansichten, sie locken mal mit einfachen, mal mit verschwurbelten Verschwörungstheorien. Sie ernähren sich von Egoismus, Ausgrenzung und Hass.

Und manchmal versuchen sie uns einzureden, wir wären wert- und nutzlos.

Welche »unreinen Geister« sind dir schon begegnet?
Bei anderen? Oder auch bei dir selbst?
Was macht dir Mut, laut »Nein!« zu rufen?
Aufzustehen und gegen die »unreinen Geister« unserer Zeit zu kämpfen?
Und einzustehen für das Gute in der Welt?
Das Gute, das dich trägt.

Trotzdem

Ein junger Erwachsener, der kurz vor dem Kirchenaustritt steht, schickt mir eine private Nachricht. Er fragt mich, wie ich es schaffe, in dieser Kirche zu bleiben. Ich antworte ihm:
　Deine Zweifel kann ich supergut verstehen. »Den einen guten Tipp«, weshalb es sich lohnt, habe ich nicht, aber ich sage Dir gerne, warum ich trotz allem (!) bleibe.
　Ich bleibe trotzdem, weil ich erstens nach wie vor davon überzeugt bin, dass die Frohe Botschaft von Jesus das Beste und Schönste überhaupt ist. Sie hat das Potenzial, die Welt wirklich besser zu machen.
　Und zweitens, weil ich in dieser abgerockten Kirche nach wie vor und immer wieder Menschen begegne, die ein großes und geisterfülltes Herz haben.
　Menschen, die mit beiden Beinen fest auf dem Boden dieser Welt stehen; die mutige Fragen stellen und bereit sind, mit anzupacken.
　Die wissen, dass wir in diesem Leben gerade mal einen Bruchteil des Evangeliums verstehen werden – und die deshalb offen bleiben für einen Gott, der immer größer, weiter und tiefer ist, als wir es uns je vorstellen können.
　Menschen, deren Herz offen ist für eine Welt, die kompliziert und verrückt, bunt und gefährlich und wunderbar ist. Es sind

Menschen wie diese, von denen ich lerne, was Jesus mit seinem »Liebe deinen Nächsten wie dich selbst« gemeint hat.

Darum bleibe ich.
   Und Dir wünsche ich ganz viel Segen und alles Gute für Dein Ringen und Deinen Weg.

   Carsten

Lass uns noch etwas bleiben

Und du so? Bist du noch dabei – oder bist du schon aus der Kirche ausgetreten? In meinem Posteingang häufen sich in den letzten Monaten die Zuschriften von Menschen, die entweder über einen Kirchenaustritt nachdenken oder bereits ausgetreten sind. Was mir dabei ins Auge springt: Die wenigsten wollen wegen einem schwindenden oder fehlenden Glauben austreten. Es ist anders. Die Menschen wollen aufgrund ihres Glaubens an Gott austreten!

Sie schreiben mir alle, dass sie die Botschaft Jesu begeistert und ihnen in ihrem Leben Halt gibt. Aber diese Menschen spüren mehr und mehr, dass sie es nicht mehr schaffen, *in* und *mit* dieser Kirche zu glauben. Sie gehen also nicht, weil sie nicht mehr an Jesus glauben – ganz im Gegenteil: Sie gehen, *weil* sie an Jesus glauben. Oft ist diese Entscheidung mit dem großen Schmerz verbunden, dass sie zukünftig keine Glaubensheimat mehr haben. Keine Gemeinschaft von Menschen, mit denen sie gemeinsam glauben und gehen können.

Herzzerreißend – das ist das einzige Wort, das mir dazu einfällt. Wie schlimm ist es um eine Kirche – um eine Gemeinschaft von Glaubenden – bestellt, die keinen Zusammenhalt mehr stiften kann.

Eine Kirche, von der Menschen sich verabschieden, weil sie die Botschaft Jesu in ihr nicht mehr finden können. Schlicht, weil sich so viel Mist angesammelt hat, dass keine Luft zum Atmen mehr übrig bleibt.

Wenn du dich entschieden hast zu gehen, um wenigstens deinen Glauben am Leben zu erhalten, dann muss ich sagen: Ich kann dich verstehen. Und wünsche dir den Segen Gottes für deinen Weg. Vielleicht treffen wir uns hier oder dort und können zusammen ein kleines Stück unseres Weges gehen.

Wenn Du noch nicht ganz entschieden bist, möchte ich Dir sagen: Lass uns noch etwas bleiben!
    Lass uns alles daran setzen, dass da noch genügend andere sind, die ebenso zweifeln und kämpfen. Mit denen können wir uns zusammentun und versuchen, diese Kirche von innen heraus zu verändern. Denn ohne uns wird sie das nicht schaffen.

Hast du noch ein wenig Energie, Zuversicht und Hoffnung übrig? Dann lass uns noch etwas bleiben. Nicht »für die Kirche«. Sondern für all die Menschen, die von Jesus begeistert sind. Die ein Zuhause suchen, von dem aus sie diese Welt gemeinsam gestalten können …

In den Wellen

Seit 2000 Jahren tuckert der alte Kahn Kirche schon über die Weltmeere. Respekt – so lange halten nur wenige durch.

Das Schiff hat viel gesehen, jahrhundertelang die ganze Welt bereist. Kapitäne und Besatzungen kamen und gingen. Die Fahrt setzte sich fort und fort. Ganze Generationen sind mitgefahren und haben sich in ihr Gefährt verliebt. Unzählige Menschen aus aller Welt haben die Reise ihres Lebens erlebt. Aber es war für nicht wenige – das soll hier bei aller Sympathie für die Unternehmung nicht verschwiegen werden – zuweilen auch eine Höllenfahrt …

Das alte Schiff hat Stürme überstanden, ist von haushohen Wellen herumgeschleudert worden, hat Eisberge gerammt und ist mehr als einmal fast gekentert. Es gab lange – wirklich lange – eintönige Flauten, die die Besatzung und die Mitfahrenden an den Rand des Wahnsinns brachten. Und natürlich waren da auch die wunderbaren Sonnentage mit leichtem Wellengang und bester Stimmung an Bord. Diese Tage, die man festhalten möchte, weil sie so schön sind. Momente, die nie vergehen sollten. Erlebnisse, die ganze Lebenswege prägen und stärken: Tage auf hoher See und Landgänge an fremden und bezaubernden Orten.

Die lange Fahrt hat Spuren am Schiff hinterlassen. Die Segel sind geflickt, der Rumpf zieht Wasser. Unter Deck ist die Mannschaft am Pumpen. Manche Macken, die sich im Laufe der Jahre eingestellt haben, stören nicht weiter. Die Patina gibt dem Schiff Charakter. Jede und jeder darf sehen, dass das Schiff genutzt wurde und wird.

Papst Franziskus sagt: »Mir ist eine ›verbeulte‹ Kirche, die verletzt und beschmutzt ist, weil sie auf die Straßen hinausgegangen ist, lieber, als eine Kirche, die aufgrund ihrer Verschlossenheit und ihrer Bequemlichkeit, sich an die eigenen Sicherheiten zu klammern, krank ist.« (*Evangelii gaudium*, 49)[4]

Da sind aber auch ein paar kritische Stellen am Schiffsrumpf, die nur dürftig geflickt und überstrichen wurden. Mehr schlecht als recht versucht die »neue« Farbe darüber hinwegzutäuschen, dass der Untergrund marode ist.

Aufmerksamen Beobachter*innen wird bei genauerer Betrachtung des Schiffsrumpfes nicht entgehen, dass hier und da auch mal beherzt eingegriffen wurde: Ganze Segmente des tragenden Gerüstes wurden im Lauf der Jahrhunderte ausgewechselt. Die alten Platten waren so kaputt, dass der Kapitän Notfallmaßnahmen anordnen musste, um das Schiff am Sinken zu hindern.

Die Versuche, das Schiff zu motorisieren, um nicht länger auf den Wind angewiesen zu sein, waren nur bedingt sinnvoll. Denn viele sehnen sich danach, den Wind in den Segeln zu spüren. Das tut so gut und ist viel schöner, als motorgetrieben vor sich hinzutuckern.

Kommen wir zum Bordprogramm. Um ehrlich zu sein: Das Grundprogramm (die Crew nennt es liebevoll »Die Frohe Botschaft«) ist seit 2000 Jahren dasselbe. Es ist nicht schlecht – ganz im Gegenteil. Es fasziniert und begeistert auch heute noch. WEIL es lebensnah, spannend, unterhaltsam und herausfordernd ist. Kapitän und Crew können sich hier ganz entspannt an den Grundsatz »Never change a running system« halten. Die konkrete Ausgestaltung jedoch … Na ja. Die ist dann doch ziemlich in die Jahre gekommen. Manche meinen, mit diesem Dampfer in See zu stechen, sei nur noch etwas für alte Leute. Deren Ansprüche seien ja angeblich nicht so hoch und man könne sie mit dem immer gleichen Bordprogramm und den alten Liedern locker zufriedenstellen.

Eine derartige Denke führt natürlich zu mehreren Problemen. Denn es soll durchaus auch Senior*innen geben, die vom ewig Immergleichen inzwischen total gelangweilt sind oder sich sogar abgestoßen fühlen. Und wenn die Besatzung es nicht schafft, das Bordprogramm auch für jüngere Generationen attraktiv und spannend zu gestalten, wird die Crew bald alleine zur See fahren. Mal ehrlich: Was bringt einem die beste Idee, wenn sie besch… umgesetzt wird?

Die Mannschaft ist an vielen Stellen betriebsblind geworden. Es haben sich Grüppchen gebildet, die vor allem ihre persönlichen Interessen pflegen und dem großen Ganzen auf diese Weise mehr schaden als nutzen. Nicht wenige haben scheinbar komplett vergessen, warum sie überhaupt mit diesem Schiff zur See fahren.

In die Wanten hochzusteigen und die Segel zu setzen, das ist manchem inzwischen zu mühsam. Im sicheren Hafen lässt es sich schließlich auch ganz gut aushalten.

Über all diese Themen ist die Mannschaft inzwischen ziemlich zerstritten. Der Streit ist nun in einer gefährlichen Phase: Die Argumente aller Seiten sind auf dem Tisch. Und sie sprechen für sich. Techniker, Ingenieure, Seefahrer, Mitreisende – alle haben sich geäußert. Die einen *für*, die anderen *gegen* eine Umrüstung und Renovierung des alten Kahns. Derzeit scheint sich der Streit im Kreis zu drehen. Die Entscheidung wird verschleppt. Und mit jedem Tag, an dem nichts passiert, leiden das Schiff und seine Mannschaft ein wenig mehr. Es dringt mehr Wasser ein.

Eine besorgniserregende Anzahl von Besatzungsmitgliedern sucht Alternativen auf anderen Dampfern und kündigt den Dienst – manche nach jahrzehntelanger Mitarbeit. Viele mit Tränen in den Augen, da all ihre Hoffnungen und Sehnsüchte gescheitert sind. Und die »Gäste« – jene, die einfach nur ein Schiff für »die Reise ihres Lebens« suchen – werden auch immer weniger.

Weil ich auf den Heiligen Geist vertraue – der stärker ist als all die Ängste und Bedenken –, hoffe ich auf einen positiven Ausgang. Dass es weitergeht und der Wind Gottes die Segel füllt. Damit wir gemeinsam neu aufbrechen können – auf große Abenteuerreise über die Weltmeere.

Nur ewig werde ich nicht darauf warten können.

Narrenschiff

Mensch, Kirche.
Du alter, rostiger, verbeulter Dampfer, du Narrenschiff.
Warum fährst du ständig sehenden Auges in Eisberge rein, die deinen Rumpf aufreißen und dich mehr und mehr seeuntüchtig machen?
Warum schenkst du noch immer jenen so viel Gehör, die dich mit Schmackes auf Grund laufen lassen?

Schlag mutig dein Ruder ein.
Trau dir und deiner Besatzung endlich mal was zu.
Trau Gott endlich mal was zu.
Hör auf, dich selbst zu behindern mit Schifffahrtsregeln und Seemannsgarn aus längst vergangenen Zeiten.
Hör auf, um dich selbst zu kreisen.
Mach dich frei von den rostigen Ketten.

Du wirst gebraucht, da draußen, auf dem Meer.
Um Schiffbrüchige zu retten und sie in den sicheren Hafen zu begleiten.
Und dazu solltest du dich fit machen für die Meere unserer Zeit.
Mehr möchte ich dazu gerade nicht sagen …

Niederknien

Es war vor dem Paschafest. Jesus wusste, dass seine Stunde gekommen war, um aus dieser Welt zum Vater hinüberzugehen. Da er die Seinen liebte, die in der Welt waren, liebte er sie bis zur Vollendung.
Es fand ein Mahl statt und der Teufel hatte Judas, dem Sohn des Simon Iskariot, schon ins Herz gegeben, ihn auszuliefern. Jesus, der wusste, dass ihm der Vater alles in die Hand gegeben hatte und dass er von Gott gekommen war und zu Gott zurückkehrte, stand vom Mahl auf, legte sein Gewand ab und umgürtete sich mit einem Leinentuch. Dann goss er Wasser in eine Schüssel und begann, den Jüngern die Füße zu waschen und mit dem Leinentuch abzutrocknen, mit dem er umgürtet war.
Als er zu Simon Petrus kam, sagte dieser zu ihm: Du, Herr, willst mir die Füße waschen? Jesus sagte zu ihm: Was ich tue, verstehst du jetzt noch nicht; doch später wirst du es begreifen. Petrus entgegnete ihm: Niemals sollst du mir die Füße waschen! Jesus erwiderte ihm: Wenn ich dich nicht wasche, hast du keinen Anteil an mir. Da sagte Simon Petrus zu ihm: Herr, dann nicht nur meine Füße, sondern auch die Hände und das Haupt. Jesus sagte zu ihm: Wer vom Bad kommt, ist ganz rein und braucht sich nur noch die Füße zu waschen. Auch ihr seid rein, aber nicht alle. Er

wusste nämlich, wer ihn ausliefern würde; darum sagte er: Ihr seid nicht alle rein.
Als er ihnen die Füße gewaschen, sein Gewand wieder angelegt und Platz genommen hatte, sagte er zu ihnen: Begreift ihr, was ich an euch getan habe? Ihr sagt zu mir Meister und Herr und ihr nennt mich mit Recht so; denn ich bin es. Wenn nun ich, der Herr und Meister, euch die Füße gewaschen habe, dann müsst auch ihr einander die Füße waschen. Ich habe euch ein Beispiel gegeben, damit auch ihr so handelt, wie ich an euch gehandelt habe.

Joh 13, 1–15

»Dieser Jesus. Manchmal ist er ein Rätsel. Einfach nur seltsam: Zuerst ruft er uns zur Feier des Passahmahls zusammen. Feiert es aber ganz anders, als es sich gehört. Nimmt das Brot und den Wein und redet irgendwas davon, dass das sein Leib und sein Blut wären. Dass wir immer dann, wenn wir zusammenkommen, daran denken sollen. Und dann kniet er sich auch noch vor uns hin. Wie ein Diener. Ein Sklave. Macht sich klein vor uns und will uns die Füße waschen. Seltsam …«

Für uns, 2000 Jahre später, klingt die Geschichte vom Abendmahl vertraut. Irgendwie normal. Für die Jünger ist es in diesem Moment alles andere als »normal«. Sie schütteln verwirrt den Kopf, als Jesus ihre Füße waschen will. So was gehört sich nicht! Es gehört sich einfach nicht, dass ein großer Lehrer vor anderen auf die Knie geht!

Und er? Er fleht seine Freunde fast an: »Begreift ihr denn nicht? Wenn schon ich, der Herr und Meister, euch die Füße wasche …«

Seine Worte und sein Handeln erscheinen ihnen rätselhaft

Woher sollen sie auch wissen, dass Jesus nur kurze Zeit später wirklich stirbt und seine Rede davon, dass sein Leib gebrochen und sein Blut vergossen wird, eine andere Bedeutung bekommt?

Dass Gottes Sohn aus Liebe zu den Menschen am Kreuz sterben wird, das können viele nicht verstehen.

2000 Jahre später.

Haben wir wirklich verstanden, was dieser Moment bedeutet?

Oder sind wir immer noch dabei zu lernen?

Was es bedeutet, vor dem Nächsten hinzuknien?

Was es heißt, einander »die Füße zu waschen«?

Was die Worte »für dich« wirklich bedeuten – ganz konkret?

Dass Jesus bereit ist, alles für dich zu geben?

Dass er Dich dazu aufruft, auch anderen bildlich gesprochen, »die Füße zu waschen«? Ihnen zu dienen. Dich gerade zu den Schwachen hinabzubeugen.

Und wie müsste eine Kirche aussehen, die genau das tut und lebt?

Esperança Em um Novo Dia

Wieder einmal ist einer meiner Freunde gegangen: Gerson.

Vor 22 Jahren sind wir mit einem Kleinbus über die hügeligen Schlaglochstraßen der Favelas seiner Heimatstadt Belo Horizonte (Brasilien) gegurkt. Als Koordinator des »Obra Kolping do Brasil« war er verantwortlich für die sozialen Projekte der Kolpingsfamilie in den Armenvierteln. Mitten in einer der größten Favelas hatte die Organisation ein Begegnungszentrum mit verschiedenen Angeboten aufgebaut: eine Suppenküche, eine Kleiderstube, eine Kinderbetreuung, Fortbildungskurse für Jugendliche, eine Zahnarztpraxis, eine Frauenarztpraxis, psychologische und soziale Begleitungsangebote … All das, worum sich der Staat nicht kümmerte – weil ihm die Armen in den Slums schlichtweg egal waren.

Die Kolpingsfamilie und die Kirche vor Ort haben sich gekümmert. Gerson hat sich unheimlich engagiert, mit Kopf und Herz – für die Menschen, »weil das unsere Aufgabe als Christen ist«. Irgendwann wechselte er die Arbeitsstelle und war in den letzten Jahren bei einer Pfarrei angestellt. Weiterhin hat er viele Projekte angeschoben: Kurse und Fortbildungen für Alten- und Krankenpfleger*innen organisiert,

Angebote für Hebammen und Kinderpflegekurse und noch vieles mehr.

Jedes Mal, wenn ich bei Gerson zu Gast sein durfte, war ich zutiefst beeindruckt und begeistert, was er mir erzählte und zeigte.

Die Erfahrung, wie konkret und alltäglich sich Kirche für die Menschen einsetzt – gerade für die Schwachen, die Armen und die Kranken –, hat mich geprägt. Hier machte man keinen Unterschied, jede und jeder war gleich wichtig. »Wow! So geht Kirche also!«

So sieht »ora et labora«, »bete und arbeite« ganz praktisch und hautnah aus. Beides war im Pfarreialltag integriert.

Beschämt war ich, wenn ich an meine Kirche in Europa und Deutschland dachte. Nein, ich will nicht ungerecht sein: Auch bei uns gibt es vielfältige soziale und karitative Projekte. Von der Suppenküche in der Pfarrei bis hin zu Kindertagesstätten und Krankenhäusern in kirchlicher Trägerschaft. Doch in Deutschland scheinen mir viele dieser Projekte eher »abgekoppelt« vom Pfarreialltag zu arbeiten. In manchen Fällen gibt es dafür durchaus gute Gründe, die Pfarreien wären überfordert, wenn sie sich um all die verschiedenen Aufgaben unter einem Dach kümmern müssten.

Die Caritas mit all ihren Einrichtungen arbeitet hoch professionalisiert. Wir können mehr als stolz sein auf all die Mitarbeiter*innen, die sich im Namen der Kirche für andere engagieren. Gleichzeitig führt diese Professionalisierung zumindest in der öffentlichen Wahrnehmung dazu, dass sich so etwas wie ein »Nebeneinanderher« entwickelt hat. Ganz platt formuliert: »Die Pfarrei ist zum Beten und Gottesdienstfeiern da. Um die sozialen und karitativen Fragen kümmert sich die Caritas oder eine/r der vielen anderen kirchlichen Organisationen und Verbände.«

Dieses Bild – so mein Eindruck – hat sich in den Köpfen der meisten Menschen in unserem Land festgesetzt. Mit dem Ergebnis, dass »Kirche« und »Pfarrei« zu einsilbigen Chiffren für »Seelenheilkümmeranstalten« geworden sind. Mit netten Frömmigkeitsformen und mehr oder weniger ansprechenden Gottesdiensten. Um die echten, alltäglichen Sorgen und Probleme der Menschen kümmern sich dann halt andere ... – Profis.

Was können wir tun, um diese Außenwahrnehmung zu verändern? Oder besser noch: Wie können wir unser Handeln verändern und das Ganze so weiterentwickeln, dass Innenwahrnehmung und Außenwahrnehmung zusammenkommen? Dass Gottesliebe und Nächstenliebe in der Pfarrei sichtbar und spürbar Hand in Hand gehen?

Könnte es ein erster Schritt sein, die karitativen Organisationen weiterhin mit aller Kraft zu unterstützen *und* gleichzeitig in jeder Pfarrei zu überlegen, wie wir – ganz konkret – die Menschen vor Ort mit all ihren Sorgen und Problemen unterstützen können?

Ich weiß: Dieser Gedanke ist uralt. Er wurde sicherlich schon viele Tausend Male gedacht und ausgesprochen. Doch immer noch fragen mich Menschen: »Was habt ihr in der Pfarrei denn zu bieten – außer euren Gottesdiensten, ein paar Festen und den zwei/drei sozialen Projekten?«

Vielleicht hätte Gerson mir einen Tipp geben können, wie man all das zusammenbringt, wie es ihm gelingt. Diesen

Sommer wollte ich ihn auf einen Kaffee besuchen. Aber das geht jetzt leider nicht mehr. Gerson ist nicht mehr da.

Statt einer Antwort auf meine Fragen hat er uns einen Text hinterlassen, den er am Tag vor seinem Tod geschrieben hat. Danke, mein Freund, für deinen Impuls zum Weiterdenken …

Esperança Em um Novo Dia
Hoffnung auf einen neuen Tag

Gott, weil du barmherzig bist und weise,
bietest du uns immer neue Möglichkeiten an.
Damit wir voranschreiten in unserem Leben …

Indem du uns Hoffnung und Würde gibst,
damit unsere Träume, die Welt zu erneuern, weiterleben.
Indem du uns Menschen immer wieder mit deinem Geist befreist,
in all den täglichen Kämpfen und Herausforderungen.

Danke, Herr.
Für deine Großherzigkeit,
mit der du uns den Hauch des Lebens atmen lässt …
an einem neuen Morgen.

Gerson Soares Xavier
Belo Horizonte, 7. Januar 2022
† 8. Januar 2022

Der Traum vom Fliegen

Es ist da – das unscheinbare Päckchen, auf das ich viele Wochen gewartet habe. Mit einem Kribbeln in den Fingern öffne ich es und komme mir dabei vor wie beim Geschenkeauspacken unterm Christbaum. Vermutlich glänzen meine Augen auch wie die eines staunenden Kindes, das vor lauter Bewunderung für das neue Spielzeug aus dem »Boah«-Rufen gar nicht mehr rauskommt.

Dann halte ich sie das erste Mal in den Händen: meine neue Drohne. Am liebsten würde ich direkt damit nach draußen stürzen … Doch zuerst muss ich die drei Akkus laden. In der Anleitung steht, dass jeder Akku für anderthalb Stunden Flug ausreichen wird. Mensch, vergeht die Zeit heute langsam …

Gefühlte Ewigkeiten später stehe ich endlich mit dem neuen Fluggerät draußen in der Natur. Das Wetter passt, das Licht ist perfekt. Die Motoren laufen an. Es blinkt und es piepst. Auf dem Display des Steuergeräts steht: »Ready for take-off«.

Sanft bewegen meine Finger die Steuerknüppel. Fast schon majestätisch erhebt sich Dorie, die Drohne, in die Luft. Sie steigt höher und höher, hinein ins satte Blau. Die Perspektive der Bilder, die ich auf dem Display sehe, das die Kameradaten überträgt, weitet sich. Die Drohne fliegt über grüne Hügel, Felder und Wälder – und ganz klein, da unten auf der Erde, bin auch ich zu sehen.

Mit Dorie kann ich den Traum vom Fliegen ein Stück weit Realität werden lassen. Dieses Gefühl der unendlichen Freiheit im Himmel, das Reinhard Mey in seinem Lied »Über den Wolken« so wunderbar beschreibt.

Natürlich gibt es Vorschriften und Gesetze, die beim Drohnenflug zu beachten sind und an die ich mich halte. Dazu kommt der gesunde Respekt beim Fliegen. Es ist durchaus anstrengend, alles im Blick zu behalten. Aber das Gefühl beim Fliegen ist für mich trotzdem einfach nur wunderbar.
   Vor 2000 Jahren kam einer mit einer fantastischen, atemberaubenden, genialen Botschaft. Mit einer Frohen Botschaft von der Liebe, dem guten Leben und dem Darüberhinaus. Mit einer Botschaft, die diejenigen aufrichtet, die ganz unten sind, und die Mächtigen auf den Boden zurückholt. Eine revolutionäre, wunderbare Botschaft, die völlig neue Perspektiven öffnet und in die Freiheit führt. Eine, die die Seele in die Höhe erhebt, Taube wieder hören und Blinde wieder sehen lässt.

Es lohnt sich, immer wieder den Text der Bergpredigt Jesu zu lesen:

Als Jesus die vielen Menschen sah, stieg er auf den Berg. Er setzte sich und seine Jünger traten zu ihm. Und er öffnete seinen Mund, er lehrte sie und sprach:
Die Seligpreisungen
Selig, die arm sind vor Gott; / denn ihnen gehört das Himmelreich. Selig die Trauernden; / denn sie werden getröstet werden. Selig die Sanftmütigen; / denn sie werden das Land erben. Selig, die hungern und dürsten nach der Gerechtigkeit; / denn sie werden gesättigt werden. Selig die Barmherzigen; / denn sie werden Erbarmen finden. Selig, die rein sind im Herzen; / denn sie werden Gott schauen. Selig, die Frieden stiften; / denn sie werden Kinder Gottes genannt werden. Selig, die verfolgt werden um der Gerechtigkeit willen; / denn ihnen gehört das Himmelreich. Selig seid ihr, wenn man euch schmäht und verfolgt und alles Böse über euch redet um meinetwillen. Freut euch und jubelt: Denn euer Lohn wird groß sein im Himmel.

Matthäus 5, 1–12

In dieser Predigt Jesu spiegelt sich der Kern des Evangeliums. Es ist eine Glücksbotschaft. Denn das Wort »selig« kann man auch mit »glücklich« übersetzen.

Dann kam die Kirche und hat festgestellt, dass es wohl besser sei, mit Gesetzen, Geboten und Vorschriften die Dinge zu regeln und den Menschen zu sagen, ob, wo, wie hoch und in welche Richtung die Seele fliegen darf. Außerdem auch, wer überhaupt abheben darf und wer kein »Ready for take-off« bekommt.

Klar ist es sinnvoll und wichtig, die Fragen eines vernünftigen Zusammenlebens zu klären. Jede Gesellschaft braucht Regeln als einen gesunden Rahmen, der dafür sorgt, dass das Miteinander auf eine möglichst faire und gerechte Weise funktioniert. Regeln, die uns allen auch Sicherheit geben. Auch wenn's ums Drohnenfliegen geht, verstehe ich die Notwendigkeit der entsprechenden Regeln gut.

Bei einigen Regeln, die die Kirche aufgestellt hat, habe ich manchmal Schwierigkeiten, sie nachzuvollziehen. Viele Regeln und Gebote sind nach wie vor sinnvoll und wichtig. Das gilt insbesondere für die Basics wie »Du sollst nicht töten«. Andere Vorgaben scheinen mir, wie aus der Zeit gefallen zu sein.

Beispielsweise, dass Menschen, deren Ehe gescheitert ist, von der Eucharistiefeier ausgeschlossen sind. Oder dass man Einzelnen und Gruppen von Menschen den Segen verweigert. Vielleicht hatten solche Regeln in anderen Kontexten mal eine Daseinsberechtigung. Aber die Zeiten haben sich geändert. Gott sei Dank!

Wieder andere Regeln scheinen mir aus mangelndem Vertrauen heraus entstanden zu sein. Es fehlt, so scheint es, das Vertrauen, dass Gott auch auf krummen Zeilen gerade schreiben kann. Manches wurde vielleicht von den Verantwortlichen in den Chefetagen der Kirche aus dem ängstlichen und unrealistischen Wunsch heraus entworfen, Menschen vor Fehlern zu bewahren. Dabei sind Fehler – ja, auch Bruchlandungen – oft entscheidende Momente im Lauf eines Lebens.

Wäre es nicht hilfreich, all die kirchlichen Regelwerke, die im Laufe der Jahrhunderte entstanden sind, einmal kritisch zu hinterfragen? Sie daraufhin zu überprüfen, ob sie etwas Positives dazu beitragen, dass Menschen die Freiheit der Kinder Gottes spüren können?

Wenn wir schon Regeln brauchen, dann sollten es solche sein, die den Menschen helfen, aufzusteigen und das Glück zu finden. Vielleicht von Zeit zu Zeit wirklich abzuheben und zu entdecken, wie schön die Welt ist. Denn dadurch können wir lernen, was wirklich zählt: Regeln, die helfen, die Seele in die Höhe zu erheben und die Lebensperspektive zu wechseln. Das satte Blau des Himmels zu sehen.

Festgefahren

Seit einigen Jahren ist der Skiurlaub im Frühjahr ein fester Termin in meinem Kalender. Gemeinsam mit Stanislaus und Jutta, dem Seelsorgeteam meiner zweiten Kaplansstelle, fahre ich jedes Jahr in die Alpen und genieße das Gefühl der Freiheit bei der Talfahrt. Es geht für mich jedes Mal nicht ganz ohne blaue Flecken ab, denn ich bin mit Abstand der schlechteste Skifahrer von uns dreien …

Vor einigen Jahren werde ich als Chauffeur für die Tour auserkoren. Mit der vollgepackten silbernen Limousine fahren wir für eine Woche nach Österreich, um die »Wilde Grub'n« – eine wunderbare Abfahrt am Stubaier Gletscher – unsicher zu machen. Es ist eine herrliche Zeit. Irgendwann gilt es, Abschied zu nehmen und nach Hause zu fahren. Nach wenigen Kilometern meldet sich die Tankanzeige des Wagens.
Zum Glück ist die nächste Tankstelle nicht weit.

Da es in der Nacht ordentlich geschneit hat, ist die ganze Landschaft unter einer geschlossenen Schneedecke verschwunden und es ist für mich sehr schwer zu erkennen, wo die Tankstelle aufhört und wo die Straße beginnt. Ich fahre etwas zu zügig los und wir kommen schon nach kürzester Zeit mit einem Ruck wieder zum Stehen: Offensichtlich habe ich mich um ein paar Meter verschätzt und bin auf einem stabilen Hindernis hängen geblieben. Das Auto pendelt hilflos auf einem Betonklotz.

Keine Ahnung, wo der jetzt herkam ...

Alle Versuche, die Karre wieder freizubekommen, sind zum Scheitern verurteilt. Die Reifen drehen in der Luft, die Kupplung beginnt zu stinken, es geht keinen Millimeter vorwärts. Wir haben keine Chance.

Erst nachdem wir aussteigen, das Auto komplett entladen und es gemeinsam hin- und herwippen, greifen die Reifen irgendwann wieder und wir kommen mit einem lauten Knirschen frei. Über 1000 Euro wird später die Werkstatt verlangen, um den kaputten Unterboden und Auspuff wieder zu reparieren ...

Wenn die Wegstrecke schwierig ist, wenn wir auf nicht asphaltierten Pisten unterwegs sind oder zu viel Ballast an Bord haben; wenn wir bei Schnee und Eis zu viel Gas geben, dann stecken wir schneller fest, als wir schauen können. Plötzlich geht's keinen Millimeter mehr weiter. Da kann man noch so viel Gas geben: Es tut sich nichts. Und je mehr du es versuchst freizukommen, desto größer sind vermutlich die Schäden, die du anrichtest.

Wie viel Ballast schleppen wir eigentlich in unserem Leben mit? Wie viele Dinge, die uns ausbremsen und dafür sorgen, dass wir nicht vorankommen? Welche Dinge lasten auf deinen Schultern und bremsen dich im Grunde nur aus?

Wie ist es um die Kirche bestellt?

Was hat sich da alles angesammelt, was eher hinderlich als förderlich ist?

Oft hilft es, Ballast abzuwerfen. Gemeinsam zu schauen, was getrost weggelassen werden kann, bevor es weitergeht. Je leichter das Gepäck, desto besser kommst du vom Fleck. So logisch, so simpel. Und doch – so herausfordernd.

Achtung, Gefahr!

Stimmt schon: Das Leben ist manchmal *perigo* – gefährlich.
Ein Abenteuer, bei dem du trotz all deiner Pläne nie wissen kannst, welche Überraschung hinter der nächsten Biegung auf dich wartet.

Genau das macht das Leben so schön, so faszinierend. Es ist herausfordernd und sicher nicht immer einfach. Wie langweilig wäre es auch ohne all die Herausforderungen und unberechenbaren Momente.

Das Leben atmet – wie die Wellen auf dem Meer rollt es vor und zurück. Mal ruhig und sanft – mal stürmisch und wild. Du kannst es nicht zähmen – dafür ist es zu groß, zu tief, zu weit.

Leben … ich mag dich.

Gespielt wird zusammen

Darauf haben wir uns so lange gefreut: Endlich geht es in den Sommerurlaub. Gemeinsam mit einer befreundeten Familie haben wir eine kleine Hütte auf einem holländischen Campingplatz gemietet.

Wir genießen die Zeit miteinander, den nahe gelegenen Badesee, unsere Ausflüge in die Umgebung und ans Meer, das gemeinsame Kochen und Essen und vor allem das Faulenzen. Die beiden Kinder des Ehepaares, das mit uns in die Ferien gefahren ist, sind begeistert vom Campingplatz und wuseln nach Lust und Laune über das Gelände mit all seinen spannenden Ecken. Sogar einen kleinen Streichelzoo gibt's hier: mit Schafen, Ziegen und Alpakas. Und mit einem dicken, ständig schlummernden Schwein, das unsere Streicheleinheiten mit wohligem Grunzen quittiert.

Abends wird gekniffelt: Zu sechst sitzen wir am Tisch vor der Hütte, lassen den Würfelbecher rundgehen und kommentieren lautstark die Ergebnisse. Natürlich will jeder gewinnen – die Kids genauso wie wir Erwachsenen. Es wird gescherzt, gelacht, sich geärgert, gewonnen und verloren.

Nach dem Spielen sitzen wir Erwachsenen noch etwas zusammen und lassen den Abend ausklingen. Es war ein guter

Tag. Zwischendurch immer wieder mal leicht chaotisch und wirr – aber das macht nichts. Das darf gerne so sein.

Zurück im Arbeitsalltag, denke ich an unsere Kniffelrunden und den Urlaub auf dem Campingplatz zurück. In meiner Kirche gibt's auch jede Menge »kniffelige« Situationen.

Wie wäre es, wenn wir einen Modus fänden, in dem lautstark engagiertes Miteinanderdiskutieren und -ringen genauso ihre Berechtigung haben wie das anschließende Zusammensein, das Den-Tag-ausklingen-Lassen und das Die-Gemüter-Runterfahren? Einen Modus, in dem sowohl die Gewinner als auch die Verlierer einer Diskussion es nicht nötig haben, beleidigt oder nachtragend zu sein. Eine gemeinsame Haltung, in der alle – wirklich alle – durchdrungen sind vom Bewusstsein: Unser gemeinsames Projekt »Kirche« kann nur dann funktionieren, wenn wir zusammenspielen. Nicht gegeneinander.

Dafür bräuchte es ein grundsätzliches Wohlwollen füreinander; auch für jene, die vielleicht anders denken, ticken und glauben als ich. Und es bräuchte die Bereitschaft zu akzeptieren, dass Kirche immer schon ein wenig chaotisch, wild und unperfekt war – und es auch gerne sein darf.

Es bräuchte die Erkenntnis, die schon Paulus hatte – die aber in innerkirchlichen Diskussionen scheinbar gerne mal verloren geht: »Wenn darum ein Glied leidet, leiden alle Glieder mit; wenn ein Glied geehrt wird, freuen sich alle Glieder mit. Ihr aber seid der Leib Christi und jeder Einzelne ist ein Glied an ihm.« (*1 Kor* 12, 26 f.)

Rom

Acht Mal? Zehn Mal? Egal, wie sehr ich mich anstrenge – ich bekomme es nicht mehr zusammen und habe keine Ahnung, wie oft ich schon in *der* Stadt war. Was ich ganz sicher weiß: Ich hab mich verliebt. Verliebt in diese uralte und verwirrende, in diese wunderschöne und anstrengende Stadt. In die Geschichte, die an jeder Ecke zu spüren ist. In den Duft nach Pizza, Pasta und Kaffee, der an manchen Ecken und Enden immer wieder übertüncht wird vom Gestank nach Benzin, Müll, Urin und Sch… In die imposanten Bauwerke ebenso wie in die rauen Ruinen. In die wuseligen, labyrinthartigen vollen Straßen und Gassen, auf denen du nachts höllisch aufpassen musst, nicht in ein Schlagloch zu tappen. Es ist die Stadt der Gegensätze. In Rom ist es nahezu überall unglaublich laut – und an einigen Stellen auch betörend still. Es duftet köstlich und stinkt zum Himmel.

Irgendwie hat Rom etwas von einem gigantischen Zirkus, in dessen Manege die Fantasie frei herumwirbelt und dir bunte Dinge vorgaukelt, die dich mal zum Kichern bringen und dir bei anderer Gelegenheit das Herz stocken lassen. Die Stadt, die immer eine winzige Spur zu viel ist: zu laut, zu krass, zu voll, zu heiß …

Wie passend, dass unsere Kirche sich genau diesen Ort als »Zentrum« ausgesucht hat: Es ist alles dabei, was du dir vorstellen kannst. Rom ist wunderschön und abstoßend zugleich.

Für manche ist Rom das Sinnbild der perfekten Kirche: stark, mächtig, uralt, erhaben, wunderschön, ewig. Einiges ist dem Wechsel der Zeiten unterworfen. So wie die Stadt, die mal glänzt und leuchtet und an anderen Stellen auch nur Fassade und dahinter Ruine ist. Ein lebendiger, verrückter Ort, an dem es alles gibt, was menschlich ist. Auch das, was uns anekelt und verstört. Voller Gebäude, die dringend renoviert, repariert, gesäubert, aufgeräumt werden sollten.

Am schönsten fand ich Rom jedes Mal, wenn ich mit Tausenden von Kindern und Jugendlichen während der großen internationalen Ministrant*innenwallfahrten zu Besuch war. Diese jungen Menschen haben alleine durch ihre Präsenz so viel Leben und Farbe in die altehrwürdige Stadt hineingebracht.

Rom. So sehr du auch versuchst, perfekt dazustehen und zu glänzen: Es wird dir nie gelingen zu verschweigen, wie vielfältig, krass und bisweilen widersprüchlich das Leben in dir ist. Eigentlich ist genau das sogar deine Stärke: dass du niemals perfekt und auf Hochglanz poliert dastehen kannst, sondern immer auch deine Unvollkommenheiten und Risse zeigen musst. Denn die gehören zu dir. Ohne all das wärst du nur eine beliebige Stadt ohne Charakter und Geschichte.

Hab keine Angst, Rom. Steh zu deinen Schätzen *und* zu deinen Ruinen. Zu deinem Duft *und* deinem Gestank. Bleib offen für all die Menschen, die dich besuchen und ihre Spuren hinterlassen. Lass zu, dass sie dich prägen und verändern. Sie bringen das Leben. Freu dich und sei stolz darauf!

Mächtig und reich

Dass Macht ein fieses kleines Miststück ist, habe ich schon irgendwo auf den ersten Seiten dieses Buches erwähnt. Allzu oft verleitet sie jene, die die Macht über andere Menschen haben, dazu, sie zu missbrauchen. Die Macht als Waffe einzusetzen, andere zu etwas zu zwingen – statt sie als friedensstiftendes Instrument zu nutzen.

Während ich diese Sätze schreibe, greift Russland die Ukraine an. Es ist der 24. Februar 2022. Wenige Kilometer von mir entfernt entstehen Staus auf den Straßen, weil die US-Amerikaner Waffen und Munition aus ihren Depots zur Air Base in Ramstein transportieren. Von dort aus wird alles in Richtung Osten geflogen. Der Himmel über uns ist vermutlich gerade voller Kriegsgerät. Die Nachrichtensender reihen Eilmeldung an Eilmeldung. Soziale Medien laufen Sturm. Aber bei aller Geschäftigkeit und Aufregung schleicht sich bei vielen auch das Gefühl ein, den ganzen Ereignissen in der Ukraine, der Aggression hilflos und in gewisser Weise auch ohnmächtig gegenüberzustehen.

Überall auf der Welt wird in diesen Tagen und Wochen für den Frieden demonstriert. Dreieinhalb Millionen Menschen sind nach vier Wochen Krieg auf der Flucht. Und viele, sehr viele sind völlig überrascht von der Erkenntnis, wie schnell aus Machtgehabe und Drohungen ein Krieg, Zerstörung und Tod werden können.

Die Appelle, zur Vernunft zurückzukehren und diplomatische Wege zum Frieden zu suchen – sie nützen nichts. Es wird mit Sanktionen gedroht. Dann werden sie von vielen Ländern auf den Weg gebracht. Wladimir Putin droht seinerseits. Ob er bereit wäre, einen Atomkrieg anzuzetteln? Und was wird sein, wenn die russischen Gaslieferungen eingestellt werden?

Die Lage ist gefährlich am Kippen und macht vielen Angst, auch mir. Wohin all das führen wird, steht in den Sternen.

Macht ist und bleibt gefährlich. Und wer mächtig und dazu noch reich ist – der hat einen langen Atem. Zeit und Mittel, Druck aufzubauen und seine Interessen – wenn nötig, mit Gewalt – durchzusetzen.

In der Theorie könnte das auch anders gehen: Macht könnte dazu genutzt werden, jene zu »ermächtigen«, die am Boden liegen. Reichtum könnte dazu genutzt werden, jene satt zu machen, die am Verhungern sind. Macht und Reichtum könnten dazu genutzt werden, den Planeten und das Miteinander seiner Bewohner*innen gerecht und fair zu gestalten. Bisher – ist das jedoch kaum gelungen. Der Kommunismus hat sich eine Zeit lang bemüht, ist jedoch in allen »Feldversuchen« grandios gescheitert. Die Idee von der gerechten Verteilung von Macht und Reichtum scheiterte an der Hybris der Politiker*innen. Einzig und allein jene Staaten, die auf Demokratie setzen, haben es mit viel Mühen und auch Scheitern ansatzweise geschafft, einige gute Akzente zu setzen. Aber am Ende siegen auch hier viel zu oft Kapitalismus, Egoismus, Größenwahn und Machtgehabe. Immerhin:

Solange die Menschheit keine bessere Möglichkeit findet, scheinen demokratische Systeme den Gebrauch von Macht und Reichtum noch am ehesten in einigermaßen gerechte Bahnen zu lenken.

*

Die Kirche ist ein hierarchisches System. Schon sehr früh in ihrer Geschichte konzentriert sich die Macht auf einige wenige – nämlich auf Bischöfe und Päpste. Bis heute sind die Folgen dieser frühen und andauernden Machtkonzentration deutlich zu spüren. Denn auch die Kirche konnte den Versuchungen von Macht und Reichtum nicht standhalten. Mit allen Folgeerscheinungen, die zur Genüge bekannt sind – und die in diesem Buch teilweise benannt werden.

Neben dem gefürchteten Machtverlust scheint eine der größten Ängste der Amtsinhaber jene zu sein, dass die Kirche zerfallen, zersplittern und den gemeinsamen Nenner verlieren könnte, würde man Macht und Reichtum anders – vielleicht demokratischer – verteilen. Sie befürchten anscheinend: »Wenn auf einmal alle Christ*innen entscheiden, was und wie wir gemeinsam glauben, könnte alles den Bach runtergehen.«

Aber genau dieser Ansatz wurde der Kirche eigentlich in die Wiege gelegt. Der »Glaubenssinn der Gläubigen« (Sensus fidei fidelium) bezeichnet in der Theologie die Tatsache, dass die Glaubenslehre der Kirche immer nur in dem bestehen kann, was alle Gläubigen gemeinsam glauben und für wahr halten. Grob vereinfacht: Es gilt nicht, was ein paar wenige

(Bischöfe oder Päpste) behaupten, sondern, was die Gemeinschaft aller Christen zusammen glaubt.

Ein Beispiel: Wenn nun, verursacht durch die weltweiten Missbrauchsskandale, die große Mehrheit der Christ*innen zur Überzeugung gelangen würde, dass die Sexualmoral der Kirche dringend überprüft werden muss – sind nicht die Kritiker*innen der bisherigen Gangart rechenschaftspflichtig, sondern jene, die sich gegen jede kritische Anfrage wehren.

Die gesamte Konstruktion des »Systems Kirche« kann und muss hier infrage gestellt werden: Wenn die Hierarchie (der Papst und die Bischöfe) den Glaubenssinn der Gläubigen als falsch bezeichnet, dann ist das System selbst fehlerbehaftet und eben nicht die Christ*innen, die versuchen, das Evangelium Jesu bestmöglich in unsere Zeit zu übersetzen.

Mächtig und reich zu sein – das allein wäre für die Kirche keine Schande. Würde sie es schaffen, all ihre Macht und ihren Reichtum entsprechend der Frohen Botschaft *für* die Menschen einzusetzen. Dies würde bedeuten, dass das Teilen eine hohe Priorität hätte – die Kirche müsste ihren Besitz denen zur Verfügung stellen, die bedürftig sind. Solange das mit dem Teilen so oft nicht wirklich funktioniert, wäre es vielleicht besser für »die Kirche«, ohnmächtig und arm zu sein …

Kirche geht auch anders

Wie jetzt? Ab sofort finden keine Gottesdienste mehr statt? Es gibt auch keine anderen Treffen in der Kirchengemeinde? Keine Versammlungen und auch keine Sitzungen – keine Gemeinschaft? Die Ankündigung des sofortigen Lockdowns fühlte sich an wie eine Vollbremsung auf der Autobahn bei einer Geschwindigkeit von 180 km/h.

Von jetzt auf gleich stand alles still. Alles, wirklich alles wurde abgesagt. Ratlosigkeit machte sich in den ersten Tagen breit. Um ehrlich zu sein, spürte ich aber in all dem Mischmasch der Fragen und der inneren Regungen auch eine kleine Portion Gelassenheit und Erleichterung. Ich dachte: Eigentlich tut es ganz gut, aus dem Hamsterrad des oft allzu hektischen Alltags für einige Zeit auszusteigen, alle Termine im Kalender erst einmal zu streichen und sich bei dieser Gelegenheit zu fragen, was wirklich wichtig ist. Und was man vermisst, wenn es nicht mehr stattfindet.

Ja, manche Treffen und Begegnungen vermisste ich. Aber es gibt auch Termine, bei denen ich mich schon so oft gefragt habe, ob sie wirklich notwendig sind. Ob der Laden nicht auch ohne manche Sitzung weiterlaufen könnte. Denn manche langweilige Treffen, auf denen viel geredet wird, ohne zu nennenswerten Ergebnissen zu kommen, die braucht es nicht.

Die plötzliche Leere im Terminkalender sorgte zudem dafür, dass der Kopf langsam frei wurde für lange aufgeschobene Fragen, die sonst im Trubel des Alltags gerne untergehen, weil sie nicht auf der To-do-Liste stehen. Fragen wie:

»Woran kann man sehen und merken, dass wir Christ*innen sind?«

»Zeigt sich die Lebendigkeit einer Gemeinde an der Masse der Gottesdienstfeiern – oder braucht es da nicht noch mehr und anderes?«

»Wie leben und feiern wir unseren Glauben an die Frohe Botschaft, wenn es dafür keine physisch greifbaren Räume gibt?«

All das findet jetzt nicht statt. Es geht nicht – denn Sitzungen und Gremien haben Zwangspause. Corona eröffnet den Raum, Dinge einfach auszuprobieren. Fröhlich loszugehen und dabei zu lernen, was funktioniert – und was nicht. Wie befreiend!

Nach und nach entstehen so an meinem Küchentisch kleinere und größere Projekte, die ich mit ein paar Menschen in der Pfarrei bespreche und die wir dann einfach ausprobieren. Darunter unser Podcast »Frohe Botschaft«, die Aktion »*#Solibrot*«, Videogottesdienste am Gründonnerstag und in der Osternacht und später über viele Wochen hinweg die sonntägliche »Küchenkirche«.

Der Podcast »Frohe Botschaft« hat das Ziel, das jeweilige Tagesevangelium zu den Menschen nach Hause zu bringen. Mit ein wenig Netzwerkarbeit gelingt es, fast 100 Menschen zu finden, die Texte einsprechen und die Aufnahmen zur Verfügung stellen. Unter den Leser*innen sind Kinder, Jugendliche und Erwachsene aus unserer Pfarrei, dem Bistum Speyer, aus ganz Deutschland, Österreich, der Schweiz sowie aus Argentinien und Brasilien. 100 Tage lang senden wir täglich eine Folge, die jeweils von ca. 200 bis 300 Menschen heruntergeladen wird. Mit der Lockerung der Coronaschutzmaßnahmen und einer größeren Bewegungsfreiheit haben wir den Takt etwas verringert und senden immer sonntags eine weitere Folge der »Frohen Botschaft«.

Mit der Aktion »#*Solibrot*« haben wir versucht, Menschen vor Ort zu unterstützen, die durch die Krise in einen finanziellen Engpass geraten sind. Sie konnten sich für einen Euro in einer Bäckerei ein »Solibrot« kaufen. Jeder, der die Aktion unterstützen wollte, konnte das gleiche Brot für vier Euro erwerben. Gleichzeitig gelang es uns durch diese Kooperation mit einem Bäcker, auf die lokalen Betriebe hinzuweisen, die in der Zeit der Krise Unterstützung brauchten, um überleben zu können: Gastronomiebetriebe, Blumenläden, Kultureinrichtungen und vieles mehr. Nach dem erfolgreichen Ende der Aktion konnten wir sogar noch mehrere Hundert Euro als Spende an die Seenotrettung für Geflüchtete überweisen.

Echte Highlights waren unsere Videogottesdienste am Gründonnerstag und in der Osternacht. Bei der Vorbereitung hatten wir uns folgende Frage gestellt: »Wie können wir ein entsprechendes Angebot machen, bei dem die Menschen nicht nur ›berieselt‹, sondern beteiligt werden? Wie können Videogottesdienste so gestaltet werden, dass möglichst viele Menschen wirklich mitfeiern können?«

Via Facebook und per E-Mail haben wir dazu eingeladen, uns jeweils einen »Schnipsel« der Gründonnerstags- bzw.

der Osternachtsliturgie als Videodatei zuzusenden. Weit über hundert Kinder, Jugendliche, Erwachsene, Gruppen und Familien haben mitgemacht. Sie schickten kleine Videosequenzen mit Musik und gesprochenen Texten, Kinder und Jugendliche hielten selbst gemalte Bilder in die Kamera. Manche lasen Bibeltexte vor, andere kleine Geschichten, wieder andere sprachen Gebete und Fürbitten. Es war überwältigend, welche Fülle an Material zusammenkam und wie kreativ sich alle einbrachten. Drei volle Tage dauerten der Schnitt und die Produktion der beiden jeweils etwa halbstündigen Gottesdienste, die wir dann am Gründonnerstag und in der Osternacht als Stream gesendet haben. Beide Gottesdienste wurden ca. 3000 Mal auf Youtube und via Facebook angesehen und mitgefeiert.

Über einige Monate hinweg war schließlich die »Küchenkirche« das Gottesdienstformat, mit dem wir Woche für Woche zwischen 500 und 1000 Menschen erreichen konnten. Ein Vielfaches der Teilnehmerzahl unserer üblichen Gottesdienste in den Kirchen meiner Gemeinde!

»Küchenkirche«, das waren etwa 10- bis 15-minütige Videogottesdienste, die in den Küchen des Seelsorgeteams und verschiedener Menschen aus unserer Pfarrei entstanden sind. Jeden Samstag ging ein solcher Gottesdienst online. Familien und kleine Gruppen saßen in ihrer Küche und feierten miteinander und für andere Menschen aus der Gemeinde einen kleinen Gottesdienst. Küchen sind oft per se gemütlich – und die Minigottesdienste kamen unheimlich gut an, weil sie so persönlich und nahbar rüberkamen. Alle, die Zuschauer und die Akteure, haben gespürt: Auch wenn wir uns gerade nicht treffen können, ist Gott mit uns. Und zwar dort, wo sich unser Alltag, unser Leben abspielt. Zum Beispiel in unseren Küchen …

Mittlerweile »ändern« sich die Zeiten – ein Ende der Coronakrise ist leider immer noch nicht abzusehen. Neue Herausforderungen sind entstanden. Aber es bleibt eine gute Erkenntnis: Kirche geht auch anders.

Fundamental

Es ist so schräg, lustig und nervig zugleich: Immer dann, wenn Menschen innerhalb der Kirche kritische Fragen stellen und vorschlagen, Inhalte oder Formen zu überdenken, wird sehr schnell und reflexartig die Keule der »fundamentalen Glaubensfragen« gezückt.

Dann heißt es beispielsweise: »Ihr findet die Sexualmoral der Kirche nicht mehr zeitgemäß?

Ihr wollt Frauen an den Weiheämtern beteiligen?

Ihr wollt ...

Das geht ja mal gar nicht!

Ihr stellt damit fundamentale Glaubensdinge infrage!

Und ihr zerstört die Kirche Jesu!«

Moment.

Geht es wirklich um fundamentale Glaubensfragen?

Mir drängt sich der Verdacht auf, dass manch einer (aus welchen Gründen auch immer) in die psychologische Trickkiste greift, um den Status quo doch aufrechtzuerhalten. Oder zumindest noch eine Weile ...

Und das wird mit ziemlich lauen und durchsichtigen Scheinargumenten begründet.

Lasst uns doch einmal darüber reden, was überhaupt »fundamentale Glaubensfragen« sind!

Worin besteht das Fundament unseres Glaubens und unserer Hoffnung, das Wesentliche der Frohen Botschaft?

Was ist der Kern dessen, was Jesus seinen Jünger*innen mit auf den Weg gegeben hat?

Wozu hat er sie beauftragt und gesendet?

Welche Themen waren und sind IHM wichtig?

Wenn ich die Bibel aufschlage und lese – begegnen mir Sätze wie:

»Liebe Gott und liebe deinen Nächsten.«

»Lass alles liegen und folge mir nach.«

»Heilt die Kranken. Befreit die Gefangenen.«

»Vergebt einander, wie ich euch vergeben habe.«

»Es gibt keine größere Liebe, als wenn einer sein Leben hingibt.«

»Leichter geht ein Kamel durch ein Nadelöhr, als dass ein Reicher in das Reich Gottes gelangt.«

»Wer einem von diesen Kleinen, die an mich glauben, Ärgernis gibt, für den wäre es besser, wenn er mit einem Mühlstein um den Hals ins Meer geworfen würde.«

Wenn ich die Bibel aufschlage und lese – begegnet mir ein Gottessohn, der sich am liebsten mit denen zusammentut, die ausgegrenzt, arm und krank sind. Er redet mit ihnen auf Augenhöhe, statt sie von oben herab »zu bepredigen«. Jesus trinkt, isst, lacht und weint mit den Menschen, denen er begegnet.

In der Synagoge lässt er sich nur ab und an sehen. Er ist eher draußen auf den Straßen der Stadt und in der Weite des Landes unterwegs, bevorzugt an Orten und bei Menschen, denen die anderen lieber aus dem Weg gehen. Bewusst verweigert er den religiösen Anführern seines Landes den Gehorsam, wenn es darum geht, für mehr Gerechtigkeit und Liebe zu sorgen.

Als er ein Urteil über eine Frau sprechen soll, die sich in den Augen der Pharisäer schuldig gemacht hat, sagt er: »Wer von euch ohne Schuld ist, der werfe den ersten Stein.«

Die machthungrigen Religionsführer und ihre menschenfeindlichen, kleinkarierten Vorschriften kritisiert er aufs Schärfste.

Zwischen Frauen und Männern macht er keinen Unterschied. Wozu auch? Juden, Griechen, Frauen, Männer, Freie und Sklaven – das sind für ihn menschengemachte Kategorien. Sein Gott ist größer. Und sein persönlicher Freundeskreis besteht aus unperfekten – man könnte auch sagen »verpeilten« – Sünder*innen.

Wenn ich die Bibel aufschlage und lese – entdecke ich nichts davon, dass Jesus eine Kirche gegründet hat, in der die Männer allein das Sagen haben und Frauen ein bisschen mitmachen dürfen.

Dass Jesus seine Jünger*innen oder Apostel*innen dazu verpflichtet hat, zölibatär zu leben, weil »sie nur so ganz in seinem Dienst stehen könnten«.

Dass Gott Homos hasst.

Und es steht auch nichts davon in den biblischen Texten, dass Jesus eigenständiges Denken, nachdenkliches Fragen und das Zweifeln verteufelt. Im Gegenteil.

Also noch mal, ganz langsam. Was ist denn dann an all dem, was die katholische Kirche als fundamental und unverrückbar benennt, wirklich fundamental wichtig? Auf welchen festen Grund bauen wir, damit das ganze Gebäude obendrauf nicht zusammenbricht? Und welche angeblich entscheidenden Glaubensfragen sind in Wahrheit nichts anderes als von Würmern zerfressene, morsche Balken, die über kurz oder lang – wenn man nicht schleunigst drangeht, sich das Ganze anzuschauen und dann zügig zu sanieren – dafür sorgen, dass das ganze Gebäude einstürzt?

Lasst uns klären, welche Balken morsch geworden sind – und auch, welche schon von Anfang an eher eine »Bausünde« als ein sinnvoller Teil des Gebäudes waren. Lasst uns klären, wie wir das Gebäude so modernisieren können, dass es für die Zukunft gut gerüstet ist. Und lasst uns in den Blick nehmen, was wirklich trägt, wenn wir die Worte Jesu ernst nehmen und seinem Beispiel folgen.

Weil wir euch brauchen

Immer stärker und immer lauter meldet es sich zu Wort. Dieses seltsame Gefühl, dass da irgendwas, das lange Zeit »normal« war, einfach nicht passt. Vielleicht hat es ja noch nie so richtig gepasst – und wir haben es nur nicht bemerkt. Ausgeblendet, ignoriert oder auch einfach übersehen.

Mag sein, dass es früher »normal« war, dass nur wir Männer das Sagen hatten. Normal, dass wir – zumindest auf dem Papier – alle Macht und Entscheidungsgewalt für uns allein beansprucht haben. Ob es auch gut war, steht auf einem ganz anderen Blatt. Für mich fühlt es sich mittlerweile einfach nur noch befremdlich an, wenn in Sitzungen und Konferenzen unter leitenden Pfarrern ausschließlich Männer über die Herausforderungen in den Pfarreien diskutieren.

Mag sein, dass es früher »normal« war zu glauben, dass nur ein Mann Christus repräsentieren kann. Normal, dass wir das Weiheamt für uns allein beansprucht haben. Ob es auch gut war, steht auf einem ganz anderen Blatt. Ich selbst habe mittlerweile mehr und mehr den Eindruck, dass es uns Klerikern schlichtweg »guttun« würde, wären da auch Frauen mit ihren Perspektiven in unseren Reihen. Warum in aller Welt sollten nur Männer in der Lage sein, Jesus zu repräsentieren?!

Früher war es auch mal »normal«, ungefiltert Abgase in die Luft zu blasen. Bis wir gelernt haben (und es immer noch tun), dass wir damit weder unserer Umwelt noch uns selbst, erst recht nicht den Generationen nach uns, etwas Gutes tun.

Wir Menschen tragen Verantwortung für unser Handeln. Immer und überall. Wenn wir uns in eine Sache verrannt und Mist gebaut haben, müssen wir mit den Konsequenzen leben und umgehen. So einfach ist das. Das gilt in Sachen Umwelt genauso wie in unserem Umgang miteinander. Das gilt in der Politik und in der Gesellschaft. Und auch in der Kirche! Dort wird mehr und mehr deutlich, dass wir uns gewaltig verrannt haben. Dass wir uns selbst beschnitten, eingeengt und um wertvolle Perspektiven, Chancen und Möglichkeiten gebracht haben: indem wir Frauen ganz pauschal ausgegrenzt und auf den zweiten Platz verwiesen haben. Indem wir vermessen dachten »Wir Männer schaffen das schon allein!«.

Nein. Wir schaffen es nicht allein! Wir *brauchen* die Frauen, um die Frohe Botschaft glaubwürdig leben zu können. Wir brauchen sie, um überzeugend Kirche sein zu können. Nicht als duckmäuserische Jasagerinnen im Hintergrund und auch nicht als »Quote«, um irgendeinem ominösen Zeitgeist hinterherzurennen.

Fast fünf Jahre lang durfte ich als Diözesanjugendseelsorger und geistlicher Leiter im BDKJ (Bund der Deutschen Katholischen Jugend) Seite an Seite und gleichberechtigt mit Frauen arbeiten. Wir haben im Team entschieden, um manche Entscheidungen auch gerungen und gestritten. Oft haben meine Kolleginnen meinen Blick geweitet und mir dadurch auch geholfen, ein besserer Seelsorger zu werden. Auch jetzt, als Pfarrer einer kleinen Landpfarrei bin ich einfach nur dankbar für die Zusammenarbeit mit meiner Kollegin im Seelsorgeteam – und kann einfach keinen logischen und auch keinen theologisch einleuchtenden Grund dafür finden, warum ihr manches verboten bleibt, was ich tun darf …

Wir brauchen Frauen auch in den sogenannten geistlichen Ämtern der katholischen Kirche, weil ihr »Teil des Leibes Christi« seid, um ein biblisches Bild zu verwenden. Wir brauchen sie, weil sie von Anfang an die ersten Verkünderinnen der Frohen Botschaft waren. Drei Frauen standen am Ostermorgen am Grab Jesu, ungeachtet dessen, dass damals seine Anhänger verfolgt wurden. Während sich die Männer vor Angst verkrochen haben, sind sie ins Licht getreten und haben Entschlossenheit gezeigt.

Wir brauchen Frauen in den kirchlichen Ämtern, weil sie Perspektiven einbringen können, die uns Männern schlichtweg fehlen. Wir brauchen sie (das wird jetzt peinlich für uns als »starke Männer«), weil wir ohne sie den Karren, den wir an die Wand gesetzt haben, nicht mehr flottbekommen können. Wenn wir ehrlich sind, müssen wir zugeben, dass wir ohne das starke Engagement von Frauen schon lange aufgeschmissen wären – denn in Wahrheit seid ihr diejenigen, ohne die an so vielen Orten Kirche schon längst tot, begraben und vergessen wäre. Und wir können heilfroh sein, wenn Frauen jetzt nicht den Kopf schütteln und sagen: »Ihr habt das ohne uns verbockt – und jetzt wollt ihr, dass wir euch dabei helfen, es wieder zu richten? Vergesst es!«

Damit wir uns nicht falsch verstehen: Ich bin kein naiver Träumer. Und ich glaube auch *nicht,* dass Frauen per se die besseren Priesterinnen, Bischöfinnen, Päpstinnen etc. wären. Am Ende sind wir alle Menschen mit Stärken und Schwächen: Manchen wird es gelingen, überzeugende, glaubhafte und gute Verkünder*innen, Bot*innen, Amtsträger*innen, Entscheider*innen zu sein. Andere werden den Versuchungen der Macht erliegen. Die allermeisten von uns werden hin und wieder Fehler machen und am Ende um Verzeihung bitten müssen.

Aber eine Kirche, in der Frauen und Männer auf Augenhöhe miteinander Verantwortung übernähmen, wäre um so vieles reicher, ehrlicher, gerechter, geschwisterlicher, vielfältiger, bunter. Was wir brauchen, um dahin zu kommen? Ach, so wenig: nur ein bisschen Mut, Respekt, Anstand, gesunden Menschenverstand. Und schließlich: ein offenes Herz für den Geist Gottes, der so laut und deutlich ruft …

Im Büro vom Chef

Mein Büro ist ganz nett: ein kleiner Raum mit Schreibtisch, schnellem Internet, Regalen und einem Besprechungstisch. Die Tageslichtlampe sorgt für eine einigermaßen annehmbare Beleuchtung, denn die drei Fenster, die der Raum hat, sind extrem klein und lassen nur wenig Licht hinein. Eigentlich sollte sich das Licht nicht nur automatisch einschalten, wenn man den Raum betritt, sondern auch an bleiben. Aber der eingebaute Bewegungsmelder vergisst gerne mal, dass ich da bin, und reagiert erst auf mein heftiges Hüpfen und Winken.

Weil die Atmosphäre in meinem Büro nicht perfekt, sondern nur »ganz nett« ist, nutze ich oft die Gelegenheit und ziehe um ins »Büro vom Chef« – raus, auf den Balkon oder in den Garten. In die Natur.

Mein Körper braucht das: das Licht der Sonne, den frischen Sauerstoff, die Farben und die Düfte, das Zwitschern der Vögel. Wenn ich aus den eintönigen vier Wänden meines Büros rausgehe und nicht nur den Platz, sondern die Lebensperspektive wechsle, beginnt auch mein Geist, sich zu bewegen. Es ist, als habe jemand die Bremse in meinem Kopf gelöst. Ich habe den Eindruck: Meine Gedanken können hier draußen, im Büro vom Chef, viel freier fliegen.

Hin und wieder ist die Handbremse im Kopf so fest angezogen, dass sie sich nur schwer löst, sozusagen einen Extraanschub braucht. Dann ziehe ich die Wanderschuhe an und drehe eine Runde durch den Wald, am besten eine Strecke, die meinen Körper ordentlich herausfordert. Gerne auch bergauf, damit ich ins Schwitzen komme. So sehr, dass sich mein Kopf beim Gehen ausschaltet, weil alles Blut und aller Sauerstoff für die Muskelarbeit gebraucht werden. Im Gehen wird der Kopf leer. Er lässt unnötigen Ballast auf dem Weg zurück. Das Unterbewusstsein werkelt vor sich hin, während ich Schritt für Schritt weitergehe.

Da draußen, im Büro vom Chef, scheint sein guter Geist zu wehen. Denn fast immer komme ich zwar verschwitzt und müde, aber mit frischen Ideen und guten Gedanken zurück nach Hause. Das funktioniert extrem zuverlässig, bei jedem Wetter – auch bei Regen und Schnee.

Meine Kirche hat es sich im Lauf der letzten 2000 Jahre in ihren eigenen vier Wänden schön gemütlich eingerichtet: Da sind Strukturen und Traditionen gewachsen. Es gibt klare Regeln, detaillierte Handlungsanweisungen und eine sauber durchchoreografierte Liturgie.

Für die einen ist das der Himmel auf Erden: ein sicherer Rückzugsort, ein heimeliges Zuhause. Für die anderen ist es ein mehr oder weniger angegrauter Käfig mit viel zu engen Begrenzungen, zu wenig Licht und Sauerstoff.

Ich kann beiden Standpunkten etwas abgewinnen: Es ist gut, eine Homebase zu haben. Ein gemütliches Zuhause, einen Rückzugsort, der mir vertraut ist und Sicherheit gibt. Ich glaube aber auch, dass es einen regelmäßigen Perspektivwechsel braucht. Dass wir unsere Komfortzone verlassen und rausgehen müssen – in die Welt. Und zwar nicht nur dorthin, wo alles grün und lieblich schön ist. Sondern auch dahin, wo es stinkt, dreckig, laut und lieblos zugeht. In den Armutsvierteln Brasiliens habe ich oft mehr von Gott gesehen als in unseren sauber geputzten deutschen Kirchen: Auch und gerade unter den Armen, in den Elendsquartieren der Welt, ist ER präsent, während wir es uns zu Hause gemütlich gemacht haben.

Bei solchen Ausflügen werden wir herausgefordert. Wir kommen ins Schwitzen, machen uns dreckig. Manches mag uns anekeln, anderes, was wir sehen – wie Menschen aus ganz wenig unheimlich viel machen –, lässt uns bewundernd staunen. Doch nur hier, in »seinem Büro«, kann sich die Bremse in unserem Kopf lösen. Eine Bremse, von der wir manchmal gar nicht wissen, dass sie schon lange eingerostet ist. Im besten Fall kommen wir danach zurück und sehen unser Zuhause mit neuen Augen. Sehen die Risse im Gebälk, die uns vorher nicht aufgefallen sind. Merken, dass die Luft stickig geworden ist und dass der Putz bröckelt. Vielleicht fällt uns sogar auf, dass es da draußen Räume gab, in denen Gott genauso zu Hause ist wie bei uns oder gar noch mehr – obwohl wir doch alles für ihn schick gemacht haben.

All das kann uns motivieren, endlich mit dem Umgestalten und dem Renovieren anzufangen. Es wird nicht so kommen, dass wir auf diese Weise das kuschelige Zuhause ungemütlich machen, wie es manche ängstlichen Zeitgenossen befürchten. Vielmehr geht es darum, Gottes Geist mehr Freiraum zu geben. IHM zuzutrauen, dass es gut wird. Mutig –

ohne Angst Veränderungen einzuleiten, damit Kirche nicht nur »ganz nett« ist, sondern ein echtes Zuhause für viele wird. Ein Sehnsuchtsort. Eine Tankstelle. Ein Rastplatz für Menschen, deren Alltag eine Pause braucht.

Kommt her. Mir nach!

Nachdem Johannes ausgeliefert worden war, ging Jesus nach Galiläa; er verkündete das Evangelium Gottes und sprach: Die Zeit ist erfüllt, das Reich Gottes ist nahe. Kehrt um und glaubt an das Evangelium!
Als Jesus am See von Galiläa entlangging, sah er Simon und Andreas, den Bruder des Simon, die auf dem See ihre Netze auswarfen; sie waren nämlich Fischer.
Da sagte er zu ihnen: Kommt her, mir nach! Ich werde euch zu Menschenfischern machen. Und sogleich ließen sie ihre Netze liegen und folgten ihm nach.
Als er ein Stück weiterging, sah er Jakobus, den Sohn des Zebedäus, und seinen Bruder Johannes; sie waren im Boot und richteten ihre Netze her. Sogleich rief er sie und sie ließen ihren Vater Zebedäus mit seinen Tagelöhnern im Boot zurück und folgten Jesus nach.

Mk 1, 14–20

Ganz schön fordernd, dieser Jesus von Nazaret – kommt einfach so daher und unterbricht Simon und Andreas mitten in ihrer Arbeit. Dabei sind die beiden gerade schwer beschäftigt.

Wer Fische fangen will, muss sein Netz sorgfältig und an der richtigen Stelle auswerfen. Simon und Andreas haben das eine Nacht lang getan. Und sie haben es richtig gemacht, denn sie sind Profis. Aber leider hatten sie keinen Erfolg. Als sie die Netze am Morgen aus dem Wasser ziehen, sind sie leer. Der Schweiß steht ihnen auf der Stirn; sie sind müde.

Da hören sie, dass jemand nach ihnen ruft. Ein Mann steht am Ufer und winkt ihnen: »Kommt her. Mir nach!« Die beiden schauen sich fragend an, als sie Jesus rufen hören. Aber entgegen aller Vernunft widersprechen sie nicht. Mit keinem Wort. Stattdessen treffen sie eine Entscheidung, deren Tragweite sie wohl erst lange Zeit später richtig begreifen werden: Sie lassen alles stehen und liegen, rudern ans Ufer – und folgen ihm nach.

Lebensentscheidungen – manchmal sind sie lange durchdacht, andere werden auf die Schnelle getroffen. Einfach so, weil es in dem Moment die einzig richtige Entscheidung war.

Zehn Gebote für eine Kirche von morgen

1. Gebot: Sei echt.
Du hast es nicht nötig, mit frommen Worten daherzukommen, die ohnehin kaum jemand versteht. Rede und handle so, wie es die Menschen im Alltag tun. Sprich ihre Sprache – nicht deine.

Du brauchst auch keine Rituale, die nur Menschen mit einem mehrjährigen Theologiestudium verstehen. Nutze lieber Rituale, die ohne große Erklärung verständlich sind und Herz und Seele ansprechen. Die tief gehen, ohne peinlich zu wirken. Sei echt. Ehrlich. Direkt. Geerdet.

2. Gebot: Höre zu.
Bevor du irgendwas tust, höre den Menschen zu, mit denen du verkehrst. Die werden dir schon sagen oder zeigen, was sie brauchen.

Und höre auf Jesus, der dir mehr als deutlich sagt, was er von seinen Jünger*innen erwartet. Wenn du etwas nicht verstanden hast, frage lieber noch mal nach. Und nimm das, was die Menschenkinder und der Gottessohn zu sagen haben, bitte ernst.

3. Gebot: Sei katholisch.
Wenn du am Titel »katholisch« festhalten magst, dann sei es bitte auch. Sei wirklich katholisch (καθολικός) – das heißt »allumfassend«. Höre auf damit, Frauen von Ämtern in der Kirche auszuschließen. Und höre vor allem unbedingt auf damit, schlecht über Menschen zu denken und zu reden, die »anders« sind. Beginne damit, wirklich gerecht zu sein: in deinem Denken, Reden und Handeln.

4. Gebot: Sei unperfekt.
Seit wie vielen Jahrhunderten versuchst du jetzt schon, alles Mögliche von A bis Z in Gesetze und Gebote zu fassen? Du merkst doch selbst, dass du damit nie fertig werden wirst – und dass vieles die Menschen abstößt –, oder? Vielleicht brauchst du all die Vorschriften auch gar nicht. Vielleicht wäre es sogar klug, nicht alles bis ins kleinste Detail zu regeln, sondern Raum zu lassen. Raum für Fehler. Raum zum Wachsen. Raum für den Geist Gottes.

5. Gebot: Zweifle.
Trau dich doch endlich zuzugeben, dass du Gott noch lange nicht verstanden hast. Dass er einfach zu groß und rätselhaft ist – auch für dich, Kirche. Zu wunderbar und manchmal auch zu erschreckend.

Stelle Fragen. Stelle auch gerne IHN infrage. Zweifle. Klage. Schrei in deiner Not zu Gott, wenn du nicht mehr weiterweißt. Er hält das aus.

Niemand braucht eine Kirche, die auf alles eine Antwort zu haben scheint. Denn das wäre eine Lüge.

6. Gebot: Sei neugierig.
In den letzten Jahrhunderten hat bei dir die Unsitte Einzug gehalten, »die Welt da draußen« für böse zu halten. Du redest andauernd von einem ominösen »Zeitgeist«, der die Menschen und ihre Moral angeblich verrohen lässt.

Aber hey: Gott selbst hat diese Welt geschaffen! Jesus selbst hat seinen Heiligen Geist geschickt, damit der in dieser Welt wirkt. Unterstelle deshalb doch einfach einmal, dass das meiste, was Gott geschaffen hat, in eine gute (!) Richtung geht. Dass modern nicht schlecht sein muss – weil Gott in allem wirkt. Sei in deinem Denken und Fühlen wie ein kleines Kind, oder meinetwegen wie eine Forscherin: Sei neugierig und staune mit offenen Augen. Wenn dir etwas fremd erscheint – geh drauf zu und lerne es kennen. Sehe die Chancen und renne nicht gleich bei jeder Gefahr heim in deine Höhle. Riskiere etwas. Jesus selbst hat sein Leben für uns riskiert – und es hat sich gelohnt, weil er für uns eine Tür aufgestoßen hat.

7. Gebot: Sei kreativ.
Warum gibt es Medizin, moderne Technik und wissenschaftlichen Fortschritt? Weil es Menschen gibt, die kreativ sind. Die nach Lösungen suchen, wenn sie mit einem Problem konfrontiert werden. Und weil diese Menschen dabei echt hartnäckig sind und ein »Gibt's nicht – geht nicht« nicht akzeptieren. Suche auch du nach Lösungen, wenn etwas nicht zu funktionieren scheint. Geh los, experimentiere und lerne dabei. Wenn einmal etwas nicht klappt, wirf nicht gleich das Handtuch. Lerne aus deinen Fehlern und deinem Scheitern. Trau dich bitte auch, mutige Lösungen zu wählen. Kleiner Tipp am Rande: Schau dir mal deinen Moralkodex und deine Regeln an. Bei manchen Themen, die so schwer erschei-

nen, könnte die einfachste Lösung sein, die Regeln einfach ersatzlos zu streichen …

8. Gebot: Hör auf, in Schlafzimmer reinzuschauen.
Dieser aufdringliche Blick in die Schlafzimmer der Menschen muss endlich aufhören. Es geht dich nichts – aber auch gar nichts – an, wen und wie jemand liebt. Solange diese Liebe echt ist, wird Gott schon dabei sein. Vertrau ihm, dass er die Sache mit der Liebe im Griff hat. Er hat sie schließlich erfunden – ebenso wie den Sex. Übrigens ist das eines seiner schönsten Geschenke, das er Liebenden gemacht hat. Deshalb rede gern und offen darüber. Ohne Scheuklappen und ohne immer wieder peinlich berührt zu sein. Es gibt einfach keinen Grund dafür! Respektiere dabei die Intimsphäre der Menschen – und freue dich, wenn zwei sich lieben.

9. Gebot: Vergiss »Kirche«.
Richtig gelesen. Vergiss das Wort »Kirche«. Wenigstens für eine gewisse Zeit. Das wird dir helfen, weniger auf deinen eigenen Bauchnabel zu schauen und dich im Kreis um dich selbst zu drehen. Es wird dir helfen, den Blick auf die zu richten, um die es Gott von Anfang an ging: auf seine Kinder, die Menschen. Und auf seine Schöpfung, die Welt. Um die geht's – und nicht um einen 2000 Jahre alten Verein. »Die Kirche« ist nur solange hilfreich, solange sie Menschen stärkt, befreit, stützt und aufrichtet.

10. Gebot: Lebe. Liebe. Lache. Weine. Kämpfe. Tanze.
Das ist dein Job, liebe Kirche. Dafür bist du da. Für das Reich Gottes, in dem Gerechtigkeit, Liebe und Freiheit herrschen.
    Amen.

Und plötzlich siehst du Farben

Der Himmel:
   neblig, farblos, blass, grau.
   Perspektivwechsel.
   Und plötzlich siehst du Farben.

Martin Glomm, Jahrgang 1964, Studium an der Hochschule für Gestaltung in Offenbach. Diplom im Fachbereich »Visuelle Kommunikation«. Stipendien im Künstlerhaus Mousonturm (Frankfurt) und im Künstlerhaus Schloß Wiepersdorf. Zahlreiche Ausstellungen. Seine Profession ist der Messerschnitt – seit 30 Jahren illustriert er damit auch Bücher. Sozialisiert in kirchlicher Jugendarbeit und bis heute gesellschaftspolitisch engagiert, hat es ihm viel Freude bereitet, die Texte von Carsten Leinhäuser gestalterisch in Szene zu setzen.

Foto: © Sergej Falk

Carsten Leinhäuser, Jahrgang 1979, ist waschechter Saarländer aus Rohrbach; von Gott begeistert und »Menschenfischer«; leidenschaftlicher Autofahrer; *Herr der Ringe*-Fan; ständig im Web unterwegs; Bücherwurm; Langschläfer und Faulenzer; Reisender; Brillen- und Linsenträger; Filmegucker; Fotograf. Unterwegs mit Bibel, Stola & Kaffee. Theologiestudium in Mainz (1998–2004), Priesterweihe 2006. Kaplan in St. Anton & Christ König, Winzeln, Gersbach und Windsberg. Anschließend verschiedene Funktionen im Bereich Jugendarbeit. 2015–2019 Diözesanjugendseelsorger im Bistum Speyer. Seit Herbst 2019 Pfarrer in Winnweiler/Rheinland-Pfalz.

https://www.vaticarsten.de

Quellen und Anmerkungen

1 Siehe: https://www.die-tagespost.de/kirche/synodaler-weg/brief-von-erzbischof-gadecki-an-dbk-vorsitzenden-baetzing-art-225892">https://www.die-tagespost.de/kirche/synodaler-weg/brief-von-erzbischof-gadecki-an-dbk-vorsitzenden-baetzing-art-225892; zuletzt abgerufen am 25. April 2022.

2 Dieser Brief wurde erstmals am 8. Juli 2021 auf dem Portal »Sinn und Gesellschaft« veröffentlicht; https://sinnundgesellschaft.de/bist-du-noch-da/
Abdruck mit freundlicher Genehmigung von Stefan Weigand.

3 Siehe: https://www.vaticannews.va/de/kirche/news/2021–04/dbk-segnungen-nicht-als-mittel-fuer-protestaktionen-geeignet.html; zuletzt abgerufen am 25. April 2022.

4 Evangelii Gaudium des Heiligen Vaters Papst Franziskus, 49
© Libreria Editrice Vaticana https://www.vatican.va/content/francesco/de/apost_exhortations/documents/papa-francesco_esortazione-ap_20131124_evangelii-gaudium.html#5._Eine_Mutter_mit_offenem_Herzen; zuletzt abgerufen am 25. April 2022.

Vier Fäuste für ein Halleluja

Der eine ist der wohl bekannteste Pfarrer Deutschlands, der andere steckt als Kirchenpfleger hinter vielen verrückten Ideen der katholischen Kirchengemeinde »St. Maximilian« in München: Rainer M. Schießler und Stephan Maria Alof sind seit mehr als 25 Jahren ein unschlagbar kreatives Duo. Die beiden setzen alles daran, den Glauben zeitgemäß ins Gespräch zu bringen. Zugleich entwickeln sie eine Perspektive für die Kirche von morgen, die auf die Bedürfnisse der Menschen zugeschnitten ist. Eine Einladung zur inneren Positionsbestimmung in Glaubensfragen.

Rainer M. Schießler,
Stephan Maria Alof

Seid ihr noch zu retten?!

Hardcover mit Schutzumschlag
256 Seiten
ISBN 978-3-96340-222-7
€ [D] 20,– · € [A] 20,60

Kirche ganz anders

Carsten Leinhäuser passt in kein Klischee: Der katholische Geistliche ist ein Abenteurer, dem Gott immer wieder anders begegnet – an vielen Orten der Erde und durch faszinierende Menschen. Er erzählt von Beziehungskisten, Gegenwind- und Hoffnungstagen, warum ihn Orangen ans Beten erinnern, was ihn an Kirche stört und weshalb er sie trotzdem mag. Eine Abenteuerreise durch die Welt des christlichen Glaubens: wild, tiefgehend, spannend und mitunter urkomisch.

Carsten Leinhäuser

Unterwegs im Auftrag des Herrn

Klappenbroschur · 192 farbige Seiten
Mit zahlreichen Fotos
ISBN 978-3-96340-084-1
€ [D] 18,– · € [A] 18,50

Der Verlag weist ausdrücklich darauf hin, dass im Text enthaltene externe Links vom Verlag nur bis zum Zeitpunkt der Buchveröffentlichung eingesehen werden konnten. Auf spätere Veränderungen hat der Verlag keinerlei Einfluss. Eine Haftung des Verlags ist daher ausgeschlossen.

Besuchen Sie uns im Internet:
www.bene-verlag.de

Aus Verantwortung für die Umwelt hat sich die Verlagsgruppe Droemer Knaur zu einer nachhaltigen Buchproduktion verpflichtet. Der bewusste Umgang mit unseren Ressourcen, der Schutz unseres Klimas und der Natur gehören zu unseren obersten Unternehmenszielen. Gemeinsam mit unseren Partnern und Lieferanten setzen wir uns für eine klimaneutrale Buchproduktion ein, die den Erwerb von Klimazertifikaten zur Kompensation des CO_2-Ausstoßes einschließt. Weitere Informationen finden Sie unter: www.klimaneutralerverlag.de

Originalausgabe August 2022
© 2022 bene! Verlag
Ein Imprint der Verlagsgruppe
Droemer Knaur GmbH & Co. KG, München.
Alle Rechte vorbehalten. Das Werk darf – auch teilweise – nur mit Genehmigung des Verlags wiedergegeben werden.
Alle Bibeltexte wurden entnommen aus: Einheitsübersetzung der Heiligen Schrift, vollständig durchgesehene und überarbeitete Ausgabe © 2016 Katholische Bibelanstalt GmbH, Stuttgart

Konzept und Lektorat: Stefan Wiesner
Gestaltung: Maike Michel
Coverfoto: Privat
Illustrationen: Martin Glomm
Druck und Bindung: GGP Media GmbH, Pößneck
ISBN 978-3-96340-238-8

5 4 3 2 1